U. Fehl und A. Schüller

Wettbewerb und weltwirtschaftliche Integration:
Triebkräfte des Transformationsprozesses

Studien zur Ordnungsökonomik

Herausgegeben von
Prof. Dr. Alfred Schüller

*Marburger Gesellschaft für
Ordnungsfragen der Wirtschaft e.V.*

in Verbindung mit der

*Forschungsstelle zum Vergleich
wirtschaftlicher Lenkungssysteme
der Philipps-Universität Marburg*

Nr. 28: Wettbewerb und weltwirtschaftliche Integration:
Triebkräfte des Transformationsprozesses

 Lucius & Lucius · Stuttgart · 2002

Wettbewerb und weltwirtschaftliche Integration:

Triebkräfte des Transformationsprozesses

Von

Ulrich Fehl und **Alfred Schüller**

 Lucius & Lucius · Stuttgart · 2002

Anschrift der Autoren:

Prof. Dr. Ulrich Fehl
Philipps-Universität Marburg
Fachbereich Wirtschaftswissenschaften
Universitätsstraße 24
D-35032 Marburg

Prof. Dr. Alfred Schüller
Philipps-Universität Marburg
Fachbereich Wirtschaftswissenschaften
Barfüßertor 2
D-35032 Marburg

Die Deutsche Bibliothek - CIP-Einheitsaufnahme

Ein Titeldatensatz für diese Publikation ist bei
Der Deutschen Bibliothek erhältlich.

(Studien zur Ordnungsökonomik; 28)

ISBN 3-8282-0232-2

© Lucius & Lucius Verlags-GmbH • Stuttgart • 2002
Gerokstraße 51 • D-70184 Stuttgart

Das Werk einschließlich aller seiner Teile ist urheberrechtlich geschützt. Jede Verwertung außerhalb der engen Grenzen des Urheberrechtsgesetzes ist ohne Zustimmung des Verlages unzulässig und strafbar. Das gilt insbesondere für Vervielfältigungen, Übersetzungen, Mikroverfilmung und die Einspeicherung und Verarbeitung in elektronischen Systemen.

Druck und Einband: ROSCH-BUCH Druckerei GmbH, 96110 Scheßlitz
Printed in Germany

ISBN 3-8282-0232-2

Vorwort

Welche ordnungsökonomischen Kräfte sind in besonderem Maße geeignet, den Transformationsprozeß von einer Zentralverwaltungswirtschaft zu einer marktwirtschaftlichen Wettbewerbsordnung voranzutreiben?

Diese Frage ist Gegenstand der vorliegenden Studie. Im ersten Teil wird die Bedeutung der Wettbewerbstheorie für die Transformationsgestaltung herausgearbeitet, wobei sich das prozeßtheoretisch-evolutorische Verständnis von Wettbewerb als grundlegend erweist, wenn es darum geht, Spielräume für den schöpferischen Menschen, für produktive Lernprozesse und für die Nutzung von Innovations- und Wachstumschancen zu gewinnen.

Der zweite Teil befaßt sich mit einer weiteren wichtigen Triebkraft, der Einbindung der Transformationsländer in die weltwirtschaftliche Arbeitsteilung. Die hierzu aus ordnungsökonomischer Sicht unterschiedenen drei Regelebenen der weltwirtschaftlichen Integration dienen als Ansatzpunkte, um die Bedeutung des Systemwissens, der Auslandsverschuldung sowie der internationalen Währungs- und Handelsordnung für Verlauf und Erfolg des Transformationsprozesses zu beurteilen.

Marburg, im Oktober 2002 *Ulrich Fehl* und *Alfred Schüller*

Inhalt

Ulrich Fehl

Ein Plädoyer für mehr Wettbewerb im russischen Transformationsprozeß

1. Einführung und Problemstellung 2
2. Wettbewerb in der Marktwirtschaft 5
3. Schaffung von Wettbewerb im Transformationsprozeß 16
Literatur 23

Alfred Schüller

Weltwirtschaftliche Integration der Transformationsländer als ordnungsökonomische Aufgabe

1. Das Problem 26
2. Ordnungsökonomische Orientierung: Ebenen der weltwirtschaftlichen Integration 26
3. Systemwissen als Integrationsbrücke 31
4. Das Problem der finanziellen Auslandshilfe 37
5. Der Internationale Währungsfonds und seine Ordnungs- und Integrationskraft 41
6. Die internationale Handelsordnung als Ordnungs- und Integrationsfaktor 47
7. Folgerungen 49
Literatur 53

Inhalt

Ulrich Fehl und Alfred Schüller, Wettbewerb und weltwirtschaftliche Integration
Studien zur Ordnungsökonomik · Nr. 28 · Stuttgart · 2002

Ein Plädoyer für mehr Wettbewerb im russischen Transformationsprozeß

Ulrich Fehl

Inhalt

1. Einführung und Problemstellung 2

2. Wettbewerb in der Marktwirtschaft 5

3. Schaffung von Wettbewerb im Transformationsprozeß 16

Literatur 23

Vorbemerkung:

Zwischen der St. Petersburger Universität für Wirtschaft und Finanzen und der Marburger Philipps-Universität besteht seit 1991 eine Kooperationsbeziehung. In ihrem Rahmen fanden zwei Symposien in Marburg statt, die Fragen des Transformationsprozesses in Rußland zum Gegenstand hatten. Während es im Herbst 1991 um allgemeine Fragen des Transformationsprozesses ging, konzentrierte sich die Diskussion im Herbst 2001 insbesondere auf die Rolle des Wettbewerbs in diesem Übergangsprozeß von der Zentralverwaltungs- zur Marktwirtschaft. Bei den folgenden Ausführungen handelt es sich um die ausführliche Fassung des Eingangsreferates zum Symposion im Oktober 2001.

1. Einführung und Problemstellung

(1) „Die Philosophen haben die Welt nur verschieden interpretiert, es kommt darauf an, sie zu verändern." Mit seiner berühmten *Feuerbach*-These hatte *Marx* zum Handeln aufgerufen. Als zumindest ein Ergebnis dieses Aufrufes kann die Heraufkunft der Zentralverwaltungswirtschaften angesehen werden. Als nun Ende der achtziger, Anfang der neunziger Jahre des zwanzigsten Jahrhunderts der Übergang von der Zentralverwaltungswirtschaft zur Marktwirtschaft anstand, wurde allerdings die Bedeutung der Interpretation, sprich: die Rolle der Theorie, nur allzu deutlich. Plötzlich mußte gehandelt werden, ohne genügend Zeit zum Nachdenken zu haben. Denn es gab keine entwickelte Theorie der Transformation, auf die man in dieser Situation hätte zurückgreifen können. In den von der Zentralplanwirtschaft geprägten Ländern war aus verständlichen Gründen eine solche Transformationstheorie nicht entwickelt worden. Aber auch in den marktwirtschaftlich ausgerichteten Ländern wurde man von der Entwicklung überrascht, so daß theoretische und politische Konzepte nicht zur Verfügung standen, mit deren Hilfe der Übergang von der Zentralplanwirtschaft zur Marktwirtschaft hätte gestaltet und erleichtert werden können. Dieser Mangel an Perspektiven und Konzepten führte zu einer starken Verunsicherung.

Um zunächst ein Beispiel für diese Verunsicherung zu geben, sei eine Frage in Erinnerung gerufen, die während des Beginns der Transformationszeit stark diskutiert worden ist, nämlich, ob man die Marktwirtschaft mit einem Schlage herbeiführen oder besser sukzessive zu ihr übergehen sollte. Im letzteren Falle stellte sich das zusätzliche Problem, die Reihenfolge der Schritte festzulegen.[1] Nun ist freilich in der Wirtschaftspolitik der Streit um die zieladäquaten Maßnahmen etwas Alltägliches. Gerade bei einer so zentralen Frage wie der des ‚richtigen' Überganges von der Zentralverwaltungs- zur Marktwirtschaft aber konnte die Auseinandersetzung nicht ausbleiben. Um das Für und Wider zu erörtern und dadurch zu einem gewissen Konsens im Hinblick auf die Voraussetzungen und Implikationen der unterschiedlichen Wege zur Marktwirtschaft zu gelangen, fehlte aber schlicht die Zeit. Darauf geht zumindest ein Teil der problematischen Maßnahmen zurück. Ein anderer Teil erklärt sich aus der Naivität gewisser hinzugezogener Berater. Um eine Marktwirtschaft zu errichten, hielten es manche Berater für den wichtigsten Schritt, sofort die *Preise* freizugeben, wobei man zugleich wohl auch daran dachte, das staatliche oder gesellschaftliche Eigentum zu *privatisieren*, um der jedenfalls im Prinzip freien Preissetzung ihren Sinn zu verleihen, das heißt, die bisherige, bürokratisch bestimmte durch eine marktwirtschaftlich orientierte Koordination zu ersetzen. In diesem Kontext ist allerdings die Rolle des Wettbewerbs für eine Marktwirtschaft zu wenig beachtet worden. Dafür kommt eine Reihe unterschiedlicher Gründe in Betracht. So ist speziell im russischen Falle die Größe des Landes einerseits und die lange zentralverwaltungswirtschaftliche Tradition von über siebzig Jahren andererseits zu berücksichtigen. Beides hat die Etablierung von Wettbewerbsprozessen in einem erheblichen Umfange erschwert. Zum zweiten sei noch einmal in Erinnerung gerufen, daß es kein theoretisch ausgearbeitetes Konzept des Überganges von der Zentralver-

---

[1] Vgl. hierzu *von Delhaes* und *Fehl* (1991).

waltungs- zur Marktwirtschaft gab[2], so daß man auf ein pragmatisches Vorgehen angewiesen war, was einen dazu zwang, überhaupt mit ein paar Schritten in Richtung Marktwirtschaft zu beginnen. Zum dritten aber kam und kommt es auf das Verständnis des Zusammenhanges zwischen Marktwirtschaft und Wettbewerbsordnung an, von dem die politisch Handelnden und ihre Berater jeweils ausgehen.

(2) Um Mißverständnisse zu vermeiden, sei zunächst festgestellt, daß die Freigabe der Preisbildung eine notwendige Voraussetzung für das Entstehen eines marktwirtschaftlich orientierten Wettbewerbsprozesses ist. Es führt jedoch zu einer Verkürzung der Betrachtung, wenn lediglich auf die Freigabe der Preise abgestellt wird. Dann liegt die Vermutung nahe, daß über die Freigabe der Preise vor allem das durch die Zentralverwaltungswirtschaft bedingte Ungleichgewicht zwischen der Güterproduktion in ihren verschiedenen Dimensionen und dem Faktorangebot beseitigt werden soll. Es wird dann der Wettbwerbsprozeß gleichsam auf seine *allokationstheoretische* bzw. *preistheoretische* Rolle reduziert, also auf die effiziente Ausrichtung der Produktion auf die Präferenzen der Nachfrager. Und nicht nur dies: Kennzeichnend für diese Art von Betrachtung ist zugleich das Denken in *Gleichgewichten*, wie es für die *mainstream economics* einschließlich der spieltheoretischen Variante typisch ist. Im hier vorliegenden Beitrag wird einem anderen Verständnis von Wettbewerb gefolgt, nämlich einem *prozeßtheoretisch-evolutorischen* Verständnis von Wettbewerb. Man spricht in diesem Zusammenhang auch vom „Wettbewerb als Entdeckungsverfahren" (*von Hayek* 1968). Wettbewerb ist in dieser Sicht eine Abfolge von Bewegungsvorgängen, die sich im Ungleichgewicht abspielen. Wenn Wettbewerb aber in dieser Perspektive gesehen wird, ist von vornherein klar, daß es nicht genügt, die Preise freizugeben.

(3) Dies zeigt sich sofort, wenn die Privatisierung als der andere Schritt, den man zu Beginn der Transformationsperiode getan hat, betrachtet wird. Geht man von dem extremen Fall aus, daß die Privatisierung des zunächst staatlichen oder gesellschaftlichen Eigentums in der Weise vorgenommen wird, daß je Branche nur ein Unternehmen zugelassen wird, so ersetzt man die bisher staatlichen durch private Monopole mit entsprechenden Folgen für den Wettbewerbsprozeß. Auch wenn nicht in dieser extremen Weise vorgegangen wird, zeigt sich der Zusammenhang sehr deutlich: Die Privatisierung der Produktionsmittel ist keine hinreichende Bedingung für die Etablierung marktlicher Wettbewerbsprozesse. Dies wird wohl auch ein preistheoretisch-allokationstheoretisch eingestellter Ökonom zugeben, denn das Erreichen effizienter Allokationsgleichgewichte dürfte zumindest in gewissen Grenzen von der Marktform bzw. der Marktstruktur mit abhängig sein.[3] Daß im Transformationsprozeß der Schaffung von wettbewerblichen Strukturen zu wenig Beachtung geschenkt worden ist, muß daher noch andere Gründe haben. Diese dürften nicht zuletzt mit dem Wettbewerbsverständ-

---

[2] In der Bundesrepublik Deutschland war zwar in den 50er Jahren ein ‚Forschungsbeirat für Fragen der Wiedervereinigung Deutschlands' etabliert worden, der mehrere Vorschläge für den Übergang von der Zentralverwaltungs- zur Marktwirtschaft erarbeitet hat; er wurde jedoch 1975 aus politischen Gründen aufgelöst.

[3] Zur Analyse dieser Problematik aus der Perspektive der Markt- bzw. Wettbewerbstheorie siehe *Schüller* und *Wentzel* (1991) sowie *Schüller* (1994).

nis zusammenhängen, das die jeweils Handelnden oder Beratenden zugrunde gelegt haben. So könnte das Argument eine Rolle gespielt haben, daß durch den Übergang von staatlichen zu privaten Monopolen zwar noch keine eigentliche wettbewerbliche Struktur geschaffen werde, daß aber durch die im letzteren Falle entstehenden privaten Monopolgewinne – falls diese im Lande verbleiben – eine gewisse Dynamik in Gang gesetzt werde, die zu einer Umgestaltung der zunächst existierenden nicht-wettbewerblichen in eine wettbewerbliche Struktur führe. Da Monopolgewinne in aller Regel nicht zur Gänze konsumiert werden können, müssen sie zwecks Verwertung investiert werden, was unter den genannten Bedingungen in der Tat zu einer gewissen Dynamik führt. Auch könne man in diesem Zusammenhang auf Neugründungen setzen. Man übersieht bei einer solchen Argumentation allerdings, daß die Monopolisten kaum ein Interesse an der Zerstörung ihrer Machtpositionen haben. Vor allem aber kann man den Zeitbedarf zur Herstellung wettbewerblicher Strukturen erheblich abkürzen, wenn – zum Beispiel durch Entflechtungsmaßnahmen – von vornherein eine wettbewerblich orientierte Ausgangsstruktur geschaffen wird.

(4) Nun könnte einer solchen Argumentation entgegengehalten werden – und zwar gerade aus einer prozeßtheoretischen Perspektive des Wettbewerbs heraus –, daß die Schaffung wettbewerblicher Ausgangsstrukturen durch Entflechtung eine „Anmaßung von Wissen" (*von Hayek*) darstelle. Man muß allerdings in diesem Zusammenhang bedenken, daß *von Hayek* Situationen im Auge hatte, die auf marktlichem Wege zustande gekommen waren und die er infolgedessen vor staatlichen Eingriffen schützen wollte. Gänzlich anders liegen die Dinge jedoch, wenn von zentralverwaltungswirtschaftlich zustande gekommenen Strukturen ausgegangen wird. Dann kann die *von Hayek*sche Argumentation der Anmaßung von Wissen nicht angewendet werden.[4] In einer solchen Situation kann eben nur pragmatisch vorgegangen werden, und man muß dabei gewisse allgemeine Überlegungen über die Voraussetzungen des Ablaufens von Wettbewerbsprozessen anstellen. Gerade der Wettbewerb als Entdeckungsverfahren ist auf eine gewisse *Vielzahligkeit* unterschiedlicher Entscheidungen und Entscheidungsträger angewiesen. Eine Zerschlagung der monopolistischen Strukturen liegt daher nahe. Erst im Laufe der weiteren Entwicklung bildet sich dann unter Beachtung bestimmter Spielregeln eine wettbewerbliche Struktur heraus, die man zu Recht als „spontan" bezeichnen kann und die dann unter Berücksichtigung der spezifischen Bedingungen von Ort und Zeit (*von Hayek*) ihre eigene Pfadabhängigkeit begründen kann. Mit dieser Feststellung ist zugleich gesagt, daß die extreme Interpretation der *Hayek*schen Ideen in dem Sinne, daß man nur die bisherigen zentralverwaltungswirtschaftlichen Bestimmungen aufheben müsse, ansonsten aber alles den spontanen Kräften in einem sich selbst organisierenden Prozeß überlassen könne, zu verwerfen ist. Um zu einer Marktwirtschaft überzugehen, müssen nicht alle marktwirtschaftlichen Institutionen gleichsam noch einmal erfunden werden. Vielmehr können allgemeine Spielregeln, die sich in anderen marktwirtschaftlichen Systemen bewährt haben, übernommen werden, gegebenenfalls in modifizierter Form.

---

[4] Außerdem stellte das Beibehalten der zentralverwaltungswirtschaflich zustande gekommenen Strukturen und ihre Einschätzung als adäquate Ausgangsbedingung für den Wettbewerbsprozeß ja ebenfalls eine Anmaßung von Wissen dar.

Ein Plädoyer für mehr Wettbewerb

Aus dem Sachverhalt der mangelnden Berücksichtigung des wettbewerblichen Elementes in bisherigen Transformationsprozessen einerseits und der Beleuchtung der Gründe, die hierfür in Betracht kommen, andererseits, ergibt sich für die nachstehenden Ausführungen folgende Gliederung: Zunächst geht es um die Klärung der grundlegenden Zusammenhänge zwischen Wettbewerb und Marktwirtschaft ganz allgemein, das heißt völlig unabhängig von der Fragestellung der Transformation. Im Anschluß hieran werden dann einige Schlußfolgerungen für den Transformationsprozeß zu ziehen sein.

2. Wettbewerb in der Marktwirtschaft

(5) Um den Unterschied zwischen der *preistheoretischen* und der *wettbewerbstheoretischen* Betrachtungsweise aufzuzeigen, erscheint es zweckmäßig, zunächst von der zentralverwaltungswirtschaftlichen Koordinationsform auszugehen. Die Grundidee der zentralen Planung besteht bekanntlich darin, die arbeitsteiligen Aktivitäten, die innerhalb eines bestimmten Raumes und innerhalb einer bestimmten Zeitspanne anfallen, ex ante so zu bestimmen, daß sie nahtlos ineinandergreifen. Mit anderen Worten, es wird ein Gleichgewicht im Sinne einer perfekten Koordination angestrebt.[5] Zu dem Ziel, die Marktwirtschaft durch eine Zentralverwaltungswirtschaft zu ersetzen, kam es, weil man einerseits mit den marktlichen Verteilungsergebnissen nicht einverstanden war und andererseits hoffte, die Koordination effizienter zu gestalten, als dies im Rahmen einer Marktwirtschaft möglich erschien. Zweifel an der hinreichenden Selbststeuerungsfähigkeit des marktwirtschaftlichen Systems sind freilich sehr viel älter. Sie wurden bereits geäußert, als sich das Marktsystem anschickte, sich von den gesellschaftlichen und staatlichen Fesseln weitgehend zu emanzipieren. In dieser Zeit waren es die Klassiker – und hier vor allem *Adam Smith* (1776) –, die sich darum bemühten, den Nachweis zu erbringen, daß die Wirtschaftssubjekte auf der Basis des Preissystems – und dabei durchaus ihren eigenen Zielsetzungen folgend – in der Lage seien, eine wechselseitige Koordination ihrer Aktivitäten zu bewerkstelligen. Man stellte sich dies so vor, daß bei offenem Marktzugang so viel Wettbewerber in den Markt strömen, bis der Marktpreis auf ein Niveau gesunken ist, bei dem gerade noch die Produktionskosten der Anbieter gedeckt werden können. Kommt es zu einem Nachfragerückgang, so wird der Preis nach unten gedrückt, wodurch diejenigen Anbieter gezwungen werden auszuscheiden, deren Produktionskosten nicht mehr gedeckt werden können. An dieser Betrachtungsweise hat man festgehalten, als später in der Neoklassik die Bedingungen näher untersucht wurden, welche erfüllt sein müssen, damit in der Gleichgewichtslage die Anbieter gerade noch ihre Produktionskosten decken können. Dies führte bekanntlich zu dem Konzept der sogenannten *vollkommenen Konkurrenz*.

(6) Um zum Modell der vollkommenen Konkurrenz zu gelangen, müssen zahlreiche Bedingungen gesetzt werden. So müssen beispielsweise die Güter homogen, muß die Markttransparenz vollständig sein. Weiterhin muß eine hohe Reaktionsgeschwindigkeit bei den Marktakteuren angenommen werden. Bei der Produktionstechnik muß von sin-

---

[5] Es muß hier nicht dargelegt werden, warum dieser Idealzustand nicht erreicht werden kann. Siehe hierzu *von Mises* (1920/1921).

kenden Skalenerträgen ausgegangen werden. Schließlich müssen auf beiden Marktseiten so viele Akteure vorhanden sein, daß Preisnehmerverhalten (Mengenanpasserverhalten) plausibel wird. Letztere Bedingung ist besonders wichtig, weil sie dazu zwingt, den sogenannten walrasianischen Auktionator ins Spiel zu bringen, der – auf dem Wege des tâtonnement-Prozesses – den Preis so lange variiert, bis das Gleichgewicht erreicht ist. Herrscht Gleichgewicht auf dem betrachteten Markt, so ist an dieser Stelle des Marktsystems die Koordination gelungen. Überträgt man diese Prozedur vom einzelnen Markt auf das Marktsystem als Ganzes, so kann – wiederum mit Hilfe des Auktionators – das sogenannte ‚Allgemeine Gleichgewicht' erreicht werden. Um dieses ‚Allgemeine Gleichgewicht' zu finden, muß der Auktionator in diesem Falle natürlich mit dem gesamten Preisvektor experimentieren. Es läßt sich zeigen, daß die Wirtschaftssubjekte in der Lage sind, alle angebotenen und nachgefragten Mengen auf den verschiedenen Gütermärkten so zu bestimmen, daß eine perfekte Koordination entsteht, wenn sie sich nur an den vom Auktionator ermittelten Gleichgewichtspreisen orientieren können. Da auf den realen Märkten den Anbietern und Nachfragern aber in aller Regel kein Auktionator zu Hilfe kommt, müssen sie dort den Preis selbst aushandeln, ohne daß ihnen irgendeine Instanz sagen kann, ob es sich bereits um einen Gleichgewichtspreis im Sinne des ‚Allgemeinen Gleichgewichtszustandes' handelt oder nicht. Es spricht daher alles dafür, daß es nicht zu der perfekten Koordination im Sinne eines ‚Allgemeinen Gleichgewichtes' kommen wird.

(7) Damit hat es zunächst den Anschein, daß die Marktwirtschaft auf eine ähnliche Weise versage wie die Zentralverwaltungswirtschaft, denn in beiden Fällen wird ja die perfekte Koordination der arbeitsteiligen Aktivitäten in dem umrissenen Sinne verfehlt.[6] Eine solche Sicht der Dinge würde allerdings die Leistungsfähigkeit der Marktwirtschaft vollkommen unterschätzen. Der komparative Vorteil der Marktwirtschaft gegenüber der Zentralverwaltungswirtschaft besteht darin, mehr Innovationen hervorbringen zu können. Gerade dies aber ist das Ergebnis der Wirksamkeit des Wettbewerbs, der sich in einer marktwirtschaftlichen Ordnung entfalten kann. *Die Leistungsfähigkeit des Marktsystems ist daher nicht primär darin zu erblicken, daß es eine mehr oder weniger perfekte Koordination herbeiführt, sondern über Wettbewerbsprozesse Innovationen generiert.* Das bedeutet nichts anderes, als diesen Aspekt in den Vordergrund zu rücken, wenn man die Funktionsweise der marktwirtschaftlichen Koordination richtig verstehen will. Zugleich können dadurch auch falsche Vorstellungen über das vermieden werden, was man von einer marktwirtschaftlichen Ordnung erwarten darf und was nicht.

(8) Diese Änderung in der Akzentsetzung – weg von der primären Betrachtung der Koordination im Sinne der Allokation hin zu einer Betrachtung des durch den Wettbewerb hervorgebrachten Innovationsprozesses – bedingt nicht nur ein Abrücken vom Modell der vollkommenen Konkurrenz, sondern zugleich auch von dem Denkstil, der diesem zugrunde liegt. Dieser Denkstil ist dadurch charakterisiert, daß man in *Gleichgewichtszuständen* denkt. Bei einem Gleichgewichtszustand handelt es sich um einen

---

[6] So kann der ‚Allgemeine Gleichgewichtszustand', der sich auf die Marktwirtschaft bezieht, idealiter durchaus verglichen werden mit dem Gesamtplan im Rahmen einer Zentralverwaltungswirtschaft. Siehe *Hensel* (1954/1979).

Ruhepunkt. Zu einem solchen kann man aber nur dadurch gelangen, daß man bestimmte Größen als Gegebenheiten oder ‚Daten' voraussetzt. Von diesen Daten sind dann die eigentlichen ‚Variablen' zu unterscheiden, die durch erstere determiniert werden. Um dies am Beispiel des Modells der vollkommenen Konkurrenz zu verdeutlichen: Daten oder Gegebenheiten sind hier die Nutzenfunktionen der Haushalte auf der einen und die Produktionsfunktionen der Unternehmen auf der anderen Seite. Gegeben ist weiterhin die Marktstruktur (Polypol) sowie die daraus abgeleitete Verhaltensweise (Mengenanpasserverhalten). Auch die Zielsetzungen sind fest vorgegeben (Nutzen- bzw. Gewinnmaximierung). Als Variable gelten in diesem Zusammenhang lediglich Preise und Mengen. Die Gleichgewichtswerte dieser Variablen werden durch die Daten gleichsam determiniert, das heißt, sie können aus ihnen deduziert werden.[7]

Diese Vorgehensweise läuft darauf hinaus, den Menschen als einen Anpassungsautomaten zu konzipieren, der lediglich optimieren kann. Befindet sich der Mensch erst einmal in einem Gleichgewichtszustand, ist er nicht in der Lage, diesen zu sprengen. Er ist festgelegt. Soll sich folglich etwas ändern, muß der Anstoß hierzu von außen kommen, es muß also eine Datenänderung *exogen* eintreten. Dies bedeutet aber, daß auch Neuerungen letztlich als Datenänderungen eingeführt werden müssen, mithin nicht *endogen* aus dem Marktprozeß heraus erklärt werden können.[8]

Soll sich dies ändern, muß von einem anderen Menschenbild ausgegangen werden. So hat man den Menschen auch in seinen schöpferischen Dimensionen zu erfassen, mit anderen Worten, es muß zugelassen werden, daß der Mensch nicht durch die Verhältnisse, in die er gestellt ist, in seinem Verhalten *determiniert* wird. Es ist somit zu berücksichtigen, daß der Mensch in der Lage ist, die Dinge neu zu interpretieren und auf diese Weise neue Handlungsmöglichkeiten für sich zu entdecken. *Günter Hesse* (1982,

---

[7] Der soeben angesprochene Denkstil der Neoklassik bezieht sich nicht nur auf das Modell der vollkommenen Konkurrenz, sondern durchzieht gewissermaßen die gesamte Wirtschaftstheorie. So kann der Aufbau des Theoriegebäudes mit Hilfe des Gleichgewichtsbegriffes strukturiert werden: In bezug auf das Handeln der einzelnen Akteure spricht man von Dispositionsgleichgewichten (Haushalts- bzw. Unternehmensgleichgewicht). Das Aufeinandertreffen von Anbietern und Nachfragern auf einem einzelnen Produktmarkt führt dann zum Marktgleichgewicht, wobei wieder nach Güter- und Faktormärkten unterschieden werden kann. Nimmt man alle Güter- und Faktormärkte gleichzeitig in Betracht, so kann das Ergebnis mit Hilfe des Begriffs des ‚Allgemeinen Gleichgewichtes' (auch Totalgleichgewicht genannt) erfaßt werden. Auch in der Makroökonomik, die sich von der Totalanalyse nur durch den Grad des Aggregationsniveaus unterscheidet, ist der Begriff des Gleichgewichtes zentral. Hier ist nur an das Kreislaufgleichgewicht oder an das Expansionsgleichgewicht der Wachstumstheorie zu erinnern. In all diesen Theoriestücken kommt folglich der Wettbewerbsprozeß im evolutorischen Sinne zu kurz.

[8] Es werden beispielsweise technische Fortschritte dann als ‚externe Schocks' definiert. – Nun könnte man auf die Idee verfallen, daß sich die Sachlage bei der sogenannten Theorie des endogenen Wachstums grundsätzlich anders darstelle, weil die ‚Endogenität' sich hier auf den technischen Fortschritt bezieht. Schaut man näher hin, so zeigt sich freilich, daß es auch hier um ein Optimierungsdenken geht, denn die Funktionen, nach denen ‚Humanvermögen' aufgebaut oder aber die Anzahl oder die Verschiedenheit der Kapitalgüter – welche hier für die ‚Höhe' des technischen Fortschritts stehen – bestimmt werden, stehen bereits fest, mithin ist alles Entscheidende bereits vorgegeben. Oder anders ausgedrückt, die eigentliche Kreativität des Menschen bleibt auch hier auf der Strecke.

1992) spricht hier treffend von „kognitiver Kreation". Wird in dieser Weise ein anderes Menschenbild vorausgesetzt, hat dies unmittelbar Konsequenzen für den Denkstil.

(9) Was soeben am Beispiel des Modells der vollkommenen Konkurrenz gezeigt worden ist, gilt freilich nicht nur für diesen Fall. Die Argumentation gilt gleichermaßen auch für das Monopol oder das Oligopol, jedenfalls insoweit man diese Phänomene lediglich mit den Mitteln der Gleichgewichtsökonomik einzufangen versucht. Im Grunde genommen stellen nämlich die Modelle, mit denen der vollkommene Polypolmarkt, der Oligopolmarkt oder schließlich der Monopolmarkt dargestellt werden, lediglich Spezialfälle des sogenannten ‚Struktur-Verhalten-Ergebnis'-Ansatzes (SVE-Ansatz) dar. Mit anderen Worten, es wird von der Marktstruktur auf das Marktverhalten der Akteure und von da aus auf das Marktergebnis geschlossen. Berücksichtigt man nun aber die Kreativität des Menschen, so kann das Verhalten nicht durch die Struktur determiniert werden. Folglich greift der SVE-Ansatz zu kurz. Er berücksichtigt weder Lernprozesse noch Rückwirkungen des Ergebnisses auf die Struktur oder vom Ergebnis auf das Verhalten.

(10) Noch ein letzter Punkt muß erwähnt werden, der wiederum ein bezeichnendes Licht auf die bisher vorgestellten Ansätze wirft. So stehen die Modelle, die sich auf das Monopol oder das Oligopol beziehen, fest in der Tradition der Preistheorie, das heißt, es geht dort primär um die Frage der Koordination einerseits und der Allokation andererseits. Was zunächst die Koordination betrifft, so wird gezeigt, wie der Austauschprozeß im Sinne eines Gleichgewichtes auch unter anderen Bedingungen als denen der vollkommenen Konkurrenz stattfinden kann, wobei freilich andere Marktergebnisse bezüglich Produktion und Verteilung entstehen. Diese anderen Marktergebnisse zeichnen sich bekanntlich dadurch aus, daß der Preis in aller Regel nicht nur oberhalb der Durchschnittskosten, sondern zugleich auch oberhalb der Grenzkosten liegt, was aber den Grundsätzen der sogenannten optimalen Faktorallokation widerspricht. Letztere orientiert sich nämlich gerade am Modell der vollkommenen Konkurrenz, die damit zu einer Art Meßlatte von Konkurrenzsituationen auf den Märkten schlechthin wird.[9]

Schließlich sei noch vermerkt, daß der neoklassische Denkstil nicht nur auf die unternehmerischen Aktionsparameter Preis und Menge angewendet wird, sondern auch auf die sogenannten Nichtpreisaktionsparameter. Aber in bezug auf diese und gerade in bezug auf diese muß gelten, daß die Wirtschaftssubjekte durch eine neue Interpretation der Verhältnisse zu neuen Handlungsmöglichkeiten vorstoßen können und werden. Daher ist der Determinismus zu vermeiden, das heißt, der Markt muß für verschiedene Ergebnisse offen bleiben.

---

[9] Hier findet die auf der Wohlfahrtstheorie fußende Wettbewerbspolitik ihren Ansatz. Auf die damit angesprochenen normativen Probleme soll im folgenden nicht weiter eingegangen werden. Es sei jedoch vermerkt, daß die dort verwendete Allokationsnorm in einer marktprozeßtheoretischen Betrachtung viel von ihrer Eindeutigkeit und damit Überzeugungskraft verliert. So kommt es in einer dynamisch-evolutorischen Betrachtung nicht auf die Existenz eines Monopols an sich an, vielmehr ist hier wichtig, ob es sich um ein dauerhaftes Monopol handelt oder nicht bzw. welche Kräfte im Zeitablauf zu erwarten sind, die zu einer Aufhebung dieser Monopolsituation führen können. Bezüglich der angesprochenen normativen Probleme siehe *Fehl* und *Oberender* (2002, S. 481 ff.).

Ein Plädoyer für mehr Wettbewerb

(11) Im folgenden kann eine auch nur annähernd vollständige Darstellung der Wettbewerbstheorie nicht geliefert werden (siehe hierzu auch *Heuß* 1980; *v. Delhaes* und *Fehl* 1997). Daher beschränken sich die folgenden Ausführungen auf die wesentlichen Charakteristika des wettbewerbstheoretischen Ansatzes, und zwar entlang der Begriffsreihe: Ungewißheit – Institutionen – Unternehmertum oder Kreativität – Verschiedenartigkeit – Innovationen – Lernen.

Es ist oben gezeigt worden, daß unter den Bedingungen des Modells der vollkommenen Konkurrenz eine perfekte Koordination erreicht wird, sobald der Auktionator die Gleichgewichtspreise gefunden und ausgerufen hat. Die Wirtschaftssubjekte stellen dann Wirtschaftspläne auf, die perfekt zueinander passen. Damit aber liegt eine Situation vor, in der Unsicherheit, die aus dem Koordinationszusammenhang entspringen könnte, gar nicht mehr auftritt. Dies ändert sich schlagartig, wenn man realistischerweise von der Existenz eines Auktionators absieht. Dann müssen die Produktions- und Tauschpläne aufgestellt werden, ohne daß man die zum ‚Allgemeinen Gleichgewichtszustand' gehörigen Preise bereits gefunden hätte. Es kommt mithin zu dem sogenannten ‚false trading', das heißt, Wirtschaftssubjekte gehen von ‚falschen' Preisen, also nicht von ‚Gleichgewichtspreisen' aus. Folglich können die Wirtschaftspläne nicht alle zueinander passen. Mit anderen Worten, es wird zu Revisionen der Wirtschaftspläne kommen. Daraus aber ergibt sich eine erste Quelle der *Ungewißheit*, weil die Akteure nun damit rechnen müssen, daß als Folge der Revisionsprozesse die Preise sich ständig verändern werden. Dies ist deswegen von Belang, weil die Wirtschaftspläne der Wirtschaftssubjekte sich immer auf die Zukunft richten, so daß die Wirtschaftssubjekte mit Nachteilen rechnen müssen, die sich aus der Realisation von Plänen ergeben, die auf der Basis von ‚falschen' Preisinformationen aufgebaut worden sind. Als Folge hiervon werden sich die Wirtschaftssubjekte Gedanken darüber machen, in welcher Richtung sich wohl die für sie jeweils relevanten Preise verändern werden. Sie werden, mit anderen Worten, *Erwartungen* über die künftigen Preise bilden und auf der Basis dieser erwarteten Preise ihre Wirtschaftspläne aufstellen. Sie können mithin nicht lediglich auf der Basis der gegenwärtigen Preise ihre Konsum-, Produktions- und Tauschaktivitäten planen, sondern sie müssen mehr oder weniger weit in die Zukunft reichende Erwartungen zugrunde legen. Die Preise bekommen damit einen subjektiven Charakter, und das ist etwas, was es im statischen Rahmen des Modells der vollkommenen Konkurrenz mit seinen objektiven Preisinformationen nicht geben kann.[10]

(12) Diese aus der marktlichen Koordination entspringende Unsicherheit ist aber nicht die einzige Quelle, aus der sich die Ungewißheit der Marktakteure speist. Berücksichtigt man nämlich die oben erwähnte *Kreativität* des Menschen, so kann den Marktakteuren jederzeit ein neuer Einfall kommen. Sind die unternehmerischen Akteure der Auffassung, daß die neue Idee zu einer Verbesserung im Produktions- oder im Vermarktungszusammenhang führen wird – und das werden sie auf der Basis der gegenwärtigen und der von ihnen für die Zukunft erwarteten Preise abschätzen –, so werden sie den Produktionsprozeß, die Organisationsstruktur oder das Marketing ändern. Diese

---

[10] Es liegt auf der Hand, daß das Moment der Erwartung um so bedeutsamer wird, je weiter die Planungen in die Zukunft reichen, wie es insbesondere bei Investitionsplanungen der Fall ist.

Änderung aber schafft im Prinzip wiederum eine neue Situation für ihre Konkurrenten und natürlich auch für die Marktgegenseite. Solche Verbesserungen oder auch nur Veränderungen können von allen beteiligten Wirtschaftssubjekten vorgenommen werden und schaffen eine *weitere Quelle der Ungewißheit*. Da es bei solchen Veränderungen um die Verbesserung oder zumindest die versuchte Verbesserung von Produktionstechnik, Organisationsstruktur oder Marketing geht, ist die hieraus entspringende Ungewißheit für die jeweils anderen Akteure gravierender als diejenige Ungewißheit, die lediglich auf der Unkenntnis der weiteren Preisentwicklung beruht. Dies ist deshalb der Fall, weil man einen großen Teil der damit angesprochenen Veränderungen nicht ohne weiteres beobachten und somit antizipieren sowie unmittelbar nachahmen kann. Aber gerade mit solchen Veränderungen ist grundsätzlich immer zu rechnen.

(13) Aus beiden Quellen der Ungewißheit ergibt sich, daß die Wirtschaftssubjekte in einer solchen Welt ständig auf der Hut sein müssen. Sie müssen permanent die Zeichen der Veränderung in ihrer Umwelt beobachten, interpretieren und zugleich neue Handlungsmöglichkeiten für sich selbst zu bilden versuchen. Sie bleiben sozusagen ständig herausgefordert. Sie können es sich somit nicht leisten, ihr kreatives Potential nicht einzusetzen oder sich einstellende Ideen nicht auf ihre Verwertbarkeit hin zu prüfen. Damit aber liegt eine völlig andere Situation vor, als sie etwa in dem Modell der vollkommenen Konkurrenz auftritt, bei der Wettbewerb als eine besondere Art von Gleichgewichts-Zustand gedeutet wird.

(14) Bevor auf weitere Konsequenzen, die sich aus dieser für Wettbewerbsprozesse typischen Situation ergeben, eingegangen wird, empfiehlt es sich, einige kurze Bemerkungen über die Bedeutung von *Institutionen* in diesem Kontext zu machen. Wenn dem Menschen im Rahmen der Wettbewerbstheorie auch *Kreativität* zugesprochen wird, so heißt dies nicht, daß er beliebige Veränderungsmöglichkeiten wahrnehmen und realisieren kann. So gibt es *Restriktionen*, denen sich der Mensch gar nicht entziehen kann (zum Beispiel stoffliche und energetische Restriktionen, Klima usw.). Bereits hierdurch erhält das menschliche Verhalten eine bestimmte Richtung (*Hesse* 1982). Grundsätzlich ähnlich wirken auch Regelsysteme, denen sich die Wirtschaftssubjekte zu unterwerfen haben. *Regeln* oder *Normen*, kurz: Institutionen, haben eine ambivalente Wirkung für die Beteiligten. Einerseits schränken sie das mögliche Verhaltensrepertoire eines Akteurs ein, andererseits erleichtern sie aber gerade dadurch auch die Orientierung, weil ein Verhalten, das durch die Normen verboten wird, jedenfalls prinzipiell ausgeschlossen werden kann, so daß das Verhalten der jeweils anderen etwas kalkulierbarer wird. Auf diese Weise kommt es zu einer gewissen Reduktion von Ungewißheit. Überwiegend sind die Regeln in einer Wettbewerbsordnung negativ formuliert, das heißt, sie verbieten ein bestimmtes Verhalten, schreiben aber keine Handlungen konkret vor. Das ist deshalb wichtig, weil auf diese Weise der freiheitliche Spielraum zur Realisation neuer Verhaltensmöglichkeiten – allerdings eingeschränkt – erhalten bleibt. Hieraus aber wird sofort deutlich, wie wichtig Institutionen für eine Wettbewerbsordnung sind, und es wäre aberwitzig, auf die Setzung solcher Institutionen im Transformationsprozeß zu verzichten, in der Hoffnung darauf, daß sich solche schon spontan herausbilden würden. Man würde hiermit die Beteiligten geradezu überfordern. Vielmehr kommt es darauf an, dafür zu sorgen, daß die gesetzten Institutionen auch durchgesetzt werden, weil

Ein Plädoyer für mehr Wettbewerb

das die notwendige Bedingung dafür ist, daß Sicherheit für die Akteure, die sich im Rahmen dieser Institutionen bewegen müssen, entstehen kann.

(15) Der Begriff der ‚Institution' ist hier weit zu verstehen. Er umfaßt die gesamte *Rahmenordnung* für den Wettbewerbsprozeß, aus der sich insbesondere die *Handlungsrechte* der einzelnen Akteure ergeben. Dabei geht es insbesondere um das Eigentum, dessen Nutzung und Übertragung und damit im weiteren Sinne auch um die Regeln des Marktverkehrs. Aus der Festlegung der Handlungsrechte entstehen positive oder negative Anreize, nämlich einerseits Gewinne zu erzielen und andererseits Verluste zu vermeiden. Dabei muß freilich beachtet werden, daß es sich jeweils um Gewinnerwartungen handelt, die wiederum auf erwarteten Preisen und Absatzmengen basieren. Anders als in der Situation des ‚Allgemeinen Gleichgewichtes' des Modells der vollkommenen Konkurrenz können in der Welt des anhaltenden Wettbewerbsprozesses solche Gewinne oder Verluste stets auftreten. Auf der Grundlage von Erwartungen können somit gewinnorientierte *Arbitragehandlungen* im weitesten Sinne des Wortes wahrgenommen werden. Diese Arbitrageprozesse beziehen sich keineswegs nur auf Preisdifferenzen, sondern grundsätzlich auf alle Möglichkeiten der Verbesserung von Angeboten für die jeweilige Marktgegenseite, also auf Produkt- oder Verfahrensinnovationen, auf organisatorische Verbesserungen oder Verbesserungen der Vermarktung. Genauer gesagt: auf vermutete Verbesserungen, denn ob es sich tatsächlich um Verbesserungen handelt, wird von der jeweiligen Marktgegenseite erst im nachhinein entschieden.

Die soeben angesprochenen Möglichkeiten zur Arbitrage und damit zu Gewinnen müssen in der durch Ungewißheit gekennzeichneten Welt des anhaltenden Wettbewerbsprozesses allerdings erst entdeckt werden. Sind sie entdeckt, müssen Vorkehrungen getroffen werden, um sie auch tatsächlich zu realisieren, das heißt, es müssen Maßnahmen ergriffen werden. Damit man keinem Phantom nachrennt, müssen dabei die eventuell gleichzeitig einsetzenden Veränderungen der Marktsituation weiter beobachtet werden, gegebenenfalls müssen die eingeleiteten Maßnahmen der Änderung der Marktsituation angepaßt werden. Nicht selten stoßen die Neuerungshandlungen, die zur Realisierung der Gewinnchancen vorgenommen werden müssen, auf Widerstand. Diese Widerstände müssen durch weitere Maßnahmen überwunden werden, was in manchen Fällen zur Änderung der normativen Regelungen zwingen kann. Auch diese müssen erst durchgesetzt werden, wenn man den Gewinn tatsächlich realisieren will. Diese Hinweise zeigen mit aller Deutlichkeit, in welcher Weise die Akteure in einem anhaltenden Wettbewerbsprozeß ‚gefordert' bleiben. Sie müssen in der Tat die Welt nicht nur interpretieren, sondern sie müssen sie auch gestalten, um ihre Ziele zu erreichen.[11]

(16) Das Menschenbild, von dem die Wettbewerbstheorie ausgeht, spricht zwar die *Kreativität* jedem einzelnen Menschen zu, doch kann es hier in bezug auf das marktrelevante Handeln durchaus Unterschiede geben. Dies führt unmittelbar zur Theorie des *Unternehmers*. Der Unternehmer zeichnet sich dadurch aus, daß er ein besonderes Ge-

---

[11] Wenn soeben von einer Änderung im normativen System die Rede war, so ist beispielsweise an die Änderung von Aneignungsbedingungen zu denken. Die Notwendigkeit zu einer solchen Änderung ergibt sich hier oft aus der Art der Innovation. So mußte beispielsweise der Eigentumsbegriff modifiziert werden, um Elektrizität handelbar zu machen.

schick bei der Generierung neuer Handlungsmöglichkeiten aufweist oder für bestimmte Handlungen wie prädestiniert ist.

So ist soeben festgestellt worden, daß in einer durch Ungewißheit gekennzeichneten Welt des anhaltenden Wettbewerbsprozesses gewinnversprechende Arbitragemöglichkeiten erst entdeckt werden müssen. Nun gibt es aber bestimmte Akteure, die hierzu gleichsam eine besondere ‚Spürnase' besitzen, sich also durch eine ausgesprochene ‚Findigkeit' auszeichnen. Dieses Vermögen der Findigkeit macht *I. M. Kirzner* (1978) in seinem Buch „Wettbewerb und Unternehmertum" zum Angelpunkt seines Unternehmerbegriffes. Daran ist sicherlich richtig, daß es erhebliche Unterschiede zwischen den Menschen bezüglich der Fähigkeit, gewinnversprechende Marktlücken zu entdecken, gibt.

Auch bei *J. A. Schumpeter*, einem der Gründerväter der Wettbewerbstheorie, spielt die Erkennung von Marktchancen für bestimmte Innovationen eine erhebliche Rolle. Darüber hinaus betont *Schumpeter* aber die Fähigkeit des Unternehmers, die Widerstände zu überwinden, welche der Innovation entgegengesetzt werden. Kurz, bei ihm ist der Unternehmer derjenige, der eine neue Kombination von Produktionsfaktoren *durchsetzt* (*Schumpeter* 1952). Auch dieser Aspekt ist oben bereits angesprochen worden. Hat ein schumpeterscher (Pionier-)Unternehmer eine Innovation erfolgreich auf den Weg gebracht, so hat er gleichsam eine neue Bahn gebrochen, auf der ihm dann die sogenannten Imitatoren folgen können. Für diese ist die Ungewißheit nun in gewissem Maße reduziert, so daß sie sich als etwas weniger robuste Neuerer anschließen können. Daraus ergibt sich eine wichtige Konsequenz für den Ablauf von Wettbewerbsprozessen: Sie bestehen aus zwei Bewegungsrichtungen, nämlich einer *vorstoßenden Bewegung* – durch sie kommt ein neues Produkt, ein neues Verfahren, eine neue Organisationsform oder ein neuer Rohstoff ins Spiel[12] – und einer *nachstoßenden Bewegung* – durch sie verbreitet sich die Neuerung dann im gesamten Marktsystem. Kurz, der Wettbewerbsprozeß setzt sich aus *Innovation und Diffusion* zusammen. Dabei ist freilich zu berücksichtigen, daß die für die Diffusion verantwortliche imitatorische Tätigkeit nicht immer eine pure Imitation darstellt, sondern durchaus auch ein Überflügelungselement enthält.[13] Das Überflügelungsverhalten der Imitatoren aber setzt wiederum den eigentlichen

---

[12] In diesem Prozeß kann es durchaus zu temporären Monopolen kommen. Wie dauerhaft diese sind, ist nicht nur eine Frage der Technik oder der faktischen Schwierigkeit zur Imitation, sondern dies ist auch vom Rechtssystem, zum Beispiel von der Gestaltung des Patentrechts, abhängig.

[13] Im Text ist bislang nur von Innovationen schlechthin die Rede gewesen. Innovationen können jedoch ganz unterschiedliche Ranghöhen aufweisen. Dies wird deutlich, wenn man eine normale Innovation etwa mit einer sogenannten *Basisinnovation* vergleicht. Basisinnovationen führen dazu, daß völlig neue Märkte entstehen. In diesem Falle vollzieht sich die Entwicklung in einem bestimmten Rhythmus, der durch das Marktphasenschema erfaßt werden kann, wobei gleichzeitig zu beachten ist, daß die jeweiligen Wettbewerbsbedingungen durch die Marktphase mitbestimmt werden. Dies bezieht sich zum Beispiel auf die Art des Einsatzes der Aktionsparameter, die jeweils marktphasenspezifisch unterschiedliche Bedeutung erlangen, und auf die Neigung zu abgestimmtem Verhalten. Bei einer detaillierten wettbewerbstheoretischen Analyse ist die Berücksichtigung dieser Zusammenhänge unerläßlich. Vergleiche hierzu das wichtige Werk von *Heuß* (1965).

Ein Plädoyer für mehr Wettbewerb

Innovator unter Druck. Er muß sich eine weitere Verbesserung des Produktes, des Verfahrens, der Organisation usw. einfallen lassen, wenn er nicht eine Schwächung seiner Marktposition hinnehmen will. Auf diese Weise wird der *Wettbewerbsprozeß* unaufhörlich in Gang gehalten, so daß kein Endpunkt im Sinne eines Gleichgewichtes absehbar ist. In diesem Prozeß werden aber laufend *Neuerungen* im Sinne von Verbesserungen hervorgebracht. Oder, vorsichtiger ausgedrückt, es werden Neuerungen hervorgebracht, die zumindest von der Marktgegenseite als Verbesserungen eingestuft werden.[14]

Nun kann man freilich nicht nur über eine besondere Findigkeit verfügen oder besondere Durchsetzungskraft besitzen, man kann auch von der psychischen Konstitution her so disponiert sein, daß man besonders gut mit dem Zustand der Ungewißheit umgehen kann, jedenfalls besser als andere Wirtschaftssubjekte. Diesen Gesichtspunkt, nämlich Unsicherheit besonders gut ertragen zu können, macht *Knight* (1921) zum Ansatzpunkt seiner Unternehmertheorie. Für die Fähigkeit, *Marktunsicherheit zu absorbieren*, spricht *Knight* seinem Unternehmer das Recht auf den Gewinn zu (Residualeinkommen), während diejenigen Wirtschaftssubjekte, die sich dem Unternehmer anschließen, sich auf das vertraglich vereinbarte Entgelt beschränken müssen (Kontrakteinkommen).

Damit sind drei exemplarische Möglichkeiten benannt, die Unternehmerfigur zu definieren. Alle drei verweisen auf den schöpferischen Menschen und zugleich auf den durch Ungewißheit gekennzeichneten Wettbewerbsprozeß. Diese Charakterisierungen knüpfen jedenfalls an einer bestimmten Funktion an, die der schöpferische Mensch bzw. der Unternehmer im Wettbewerbsprozeß wahrzunehmen hat. Diese Eigenschaften mögen bei einem realen Unternehmer alle gleichzeitig auftreten, allerdings mit jeweils unterschiedlicher Gewichtung, so daß die zunächst als *Typen* bestimmten Unternehmer im Sinne von *Kirzner*, *Schumpeter* oder *Knight* auch in der Realität wiedererkannt werden können.[15] Es ist wichtig, in diesem Zusammenhang zu registrieren, daß die Wettbewerbstheorie in bezug auf das Schöpferische im Menschen auf *Unterschiede* verweist. Diese *Verschiedenartigkeit* bezieht sich allerdings nicht nur auf die soeben besprochenen Unternehmereigenschaften, Abstufungen können sich auch auf das jeweilige Niveau von *Kompetenz* und *Motivation* der Unternehmer beziehen, worauf hier jedoch nicht weiter eingegangen werden kann. All diese unterschiedlichen Potentiale gilt es im Wettbewerbsprozeß zu nutzen (*Heuß* 1965; *Röpke* 1977).

(17) Erwähnt werden muß weiterhin, daß die Verschiedenartigkeit (Heterogenität) in der evolutorisch geprägten Wettbewerbstheorie noch in anderer Hinsicht eine zentrale Rolle spielt. Der *Zusammenhang zwischen Freiheit, Ungewißheit und Wettbewerb* ist bereits oben kurz angesprochen worden. *Ungewißheit* bedeutet zunächst ja nichts anderes, als daß man sich in einer Welt bewegt, in der die Handlungen nicht determiniert sind, so daß die Zukunft offen ist, kurz, daß zwischen verschiedenen Handlungen ge-

---

[14] Die schwierige Frage, ob es sich auch im objektiven Sinne um Verbesserungen handelt, mag hier dahingestellt bleiben.

[15] Es sei noch einmal darauf hingewiesen, daß bestimmte unternehmerische Eigenschaften bei allen Wirtschaftssubjekten vorzufinden sind, wenn auch auf wesentlich niedrigerem Niveau. Mit anderen Worten, das Schöpferische ist nicht auf den Unternehmer im engeren Sinne beschränkt.

wählt werden kann. Wird das von der normativen Seite her gedeckt, spricht man von der *Freiheit* des Wirtschaftssubjektes (*Heuß* 1980; *Hoppmann* 1988). Wenn nun die Menschen unterschiedlich sind, und davon geht man in der Wettbewerbstheorie aus, so werden sie sich in aller Regel die Zukunft ganz unterschiedlich ausmalen. Anders ausgedrückt, es entbehren dann die Abschätzungen von Entwicklungen in der Zukunft nicht einer gewissen Subjektivität. Trifft dies zu, so werden nicht nur unterschiedliche Zukunftsbilder vom Marktgeschehen entworfen, sondern sie werden auch als unterschiedliche umgesetzt; vorausgesetzt, man verfügt über die notwendigen Mittel hierzu. Dies bedeutet aber auch, daß die Art des Aktionsparametereinsatzes diese Unterschiedlichkeit spiegeln wird. Aus dieser Perspektive betrachtet, bedeutet der *Wettbewerb* nichts anderes als das *Ringen um unterschiedliche Zukunftsentwürfe* (auf der Erwartungsebene) bzw. *unterschiedliche Gestaltung* von Zukunft (wenn die entsprechenden Zukunftsentwürfe umgesetzt werden). Somit erweist sich in einem ganz allgemeinen Sinne *Wettbewerb als* ein *Entdeckungsverfahren* (*von Hayek* 1968), das über die Aktionsparameter der beteiligten Akteure konkretisiert wird. Werden nämlich unterschiedliche Entwürfe für die Zukunft realisiert, so können nicht alle Beteiligten zugleich ‚richtig' liegen. Zumindest werden in aller Regel die Gewinne und Verluste unterschiedlich ausfallen. Mit anderen Worten, es baut sich im Wettbewerbsprozeß eine *Selektionsordnung* auf. Anders ausgedrückt, die durch den Wettbewerb aktivierte Verschiedenartigkeit bewirkt, daß die jeweilige Marktgegenseite aus einer Reihe von Alternativen die überlegene oder als überlegen eingestufte auswählen kann. Begründen läßt sich diese Verschiedenartigkeit aus unterschiedlichen Begabungen, Erfahrungen, Temperamenten, unterschiedlichem Alter usw. Auf diese Weise wird im Wettbewerbsprozeß nicht alles auf eine Karte gesetzt, sondern es wird gleichsam mit verschiedenen Möglichkeiten gleichzeitig experimentiert. In diesem Sinne kann Wettbewerb auch als *Suchprozeß* verstanden werden, der überlegene Möglichkeiten der Befriedigung von Bedürfnissen ans Tageslicht bringt.

(18) Man kann daher den Wettbewerb als Entdeckungsverfahren auch so charakterisieren, daß in diesem Prozeß *Wissen* gesammelt, produziert und verarbeitet sowie verbreitet wird. Es sind somit die unterschiedlichen Wissenstatbestände, die als Korrelat des Wettbewerbsprozesses entstehen und aufgedeckt werden. Im Hinblick auf technisches Wissen spielen hierbei naturgemäß *Forschung und Entwicklung* eine zentrale Rolle. Es geht jedoch auch um *organisatorisches Wissen* und um *Marktwissen* schlechthin. Die Bedeutung des Wissens im Wettbewerbsprozeß lenkt das Augenmerk zudem direkt auf die Frage, wo und wie dieses Wissen im Marktprozeß erzeugt wird. Hier hat die neuere, insbesondere von Evolutionsökonomen getragene Entwicklung der Unternehmenstheorie neue Einsichten erschlossen. *Es ist nämlich die Unternehmung, die hier einen zentralen Stellenwert bei der Wissensproduktion zugebilligt bekommt.* Das Problem der Erzeugung und Nutzung von Wissen wird stark von den Aneignungsbedingungen bestimmt, was wiederum darauf zurückzuführen ist, daß Wissen teils den Charakter eines öffentlichen Gutes aufweist. Die Organisationsstruktur der Unternehmung und die Bestimmung ihrer Grenzen im horizontalen und vertikalen Marktzusammenhang stellen entscheidende Bedingungen nicht nur für die Fähigkeit zur Wissensproduktion dar, sondern zugleich auch für die Bereitschaft und Fähigkeit zu marktlichen Vorstößen innovatorischer oder imitatorischer Art. Damit wird zugleich deutlich, daß es nicht nur die Unternehmer als Individuen sind, die im Wettbewerbsprozeß eine zentrale

Ein Plädoyer für mehr Wettbewerb

Rolle spielen, mehr noch und überwiegend werden ihre Aktivitäten im Verbund mit anderen, das heißt in Form der Unternehmen, also in Arbeitsteilung realisiert. In der zweckmäßigen Gestaltung der Unternehmensorganisation manifestiert sich somit eine weitere Dimension unternehmerischer Leistungsfähigkeit. Es handelt sich hierbei sozusagen um einen besonders komplexen Aktionsparameter (*Schreiter* 1994).

In der Unternehmung werden zwar unterschiedliche Vorstöße im Wettbewerbsprozeß geplant, und infolgedessen wird dort unterschiedliches Wissen produziert und genutzt, doch kann erst im tatsächlichen Marktprozeß herausgefunden werden, welche Wissenspotentiale die überlegenen darstellen. Das von den marktlichen Konkurrenten hervorgebrachte Wissen und die darauf basierenden Entwürfe für die Marktgegenseite stellen gleichsam nur Hypothesen dar, die erst noch einem Markttest unterworfen werden müssen (*Wettbewerb als Hypothesentest*). Die Rückmeldungen aus diesem Markttest liefern den Wettbewerbern die notwendigen Informationen für ihre weiteren Handlungsstrategien. Der Markttest ist daher notwendig für die weitere, gerichtete Produktion von Wissen, das dann wiederum einem erneuten Markttest unterzogen werden muß und so fort. Auf diese Weise kann der Wettbewerb interpretiert werden als ein *Variations- und Selektionszusammenhang bezüglich Wissen* (*Kerber* 1997), oder noch anders ausgedrückt, es kann der Wettbewerb begriffen werden als ein *permanenter Lernprozeß*,[16] in dem ständig aktualisierte Kompetenzen aufgebaut werden. Dabei gleichzeitig herauszufinden, worin die jeweils eigenen *Kernkompetenzen* bestehen, kann nicht von außen erfolgen, sondern ergibt sich erst als Ergebnis der Teilnahme an diesem Prozeß selbst, und dies ist – wie sich zeigen wird – ein für den Transformationsprozeß nicht unerheblicher Gesichtspunkt.

(19) Die vorstehende Skizze der Wettbewerbstheorie dürfte deutlich gemacht haben, daß der Wettbewerbsprozeß die perfekte Koordination im Sinne der ‚Allgemeinen Gleichgewichtstheorie' notwendigerweise verfehlen muß, daß er andererseits zur Produktion von Innovationen aller Art beiträgt. Der Wettbewerb stellt einen Prozeß des Experimentierens dar, er ist ein *trial and error-Prozeß*. Deshalb ist es verfehlt, ihn analytisch mit den Mitteln der Gleichgewichtsökonomik angehen zu wollen. Daher sollte man keine falschen Erwartungen in bezug auf einen vom Wettbewerb geprägten Marktprozeß hegen. Dieser wird keine perfekte Koordination hervorbringen, weil er eben nicht nur ein Koordinations- oder Allokationsprozeß ist, sondern zugleich einen Innovationsprozeß darstellt. Aber er ist immerhin insoweit auch Koordinationsprozeß, als daß die einzelnen Aktivitäten nicht völlig auseinanderfallen. Das wettbewerblich geprägte wechselseitige Abtasten in dem Bestreben, der jeweiligen Marktgegenseite eine überlegene Marktleistung bieten zu wollen, führt permanent zu Korrekturen. Dabei ist es gerade die Verschiedenartigkeit, welche dafür sorgt, daß das System eigentlich nie ganz ‚auf die Nase fallen' kann. Andererseits führt die Notwendigkeit zur Imitation erfolgreicher Versuche dazu, daß die Verschiedenartigkeit auch nicht überhandnehmen wird. So gesehen ist es gerade der funktionierende Wettbewerb, der in einem dynamisch-evolutorischen Sinne zwar eine gewisse Koordination herbeiführt, die allerdings

---

[16] In diesem Lernprozeß baut sich zudem das Humanvermögen der Arbeitskräfte auf und paßt sich den jeweiligen Erfordernissen an.

nicht mit der Koordinationsleistung im Sinne derjenigen des ‚Allgemeinen Gleichgewichts' verwechselt werden darf.

(20) Wenn es aber der Wettbewerbsprozeß selbst ist, der immer wieder für die Korrektur zu großer Abweichungen sorgt, so kommt es im Sinne der Aufrechterhaltung einer gewissen Balance im dynamischen Sinne darauf an, daß der Wettbewerb als solcher nicht gestört wird. Allerdings kann gerade die Ungewißheit dazu führen, daß bestimmte Wettbewerber, die sich diesem Prozeß nicht voll gewachsen fühlen, versuchen werden, sich dem Wettbewerb durch Absprachen zu entziehen. Auch dies stellt schließlich eine Möglichkeit dar, mit Ungewißheit umzugehen. Um dies zu verhindern, muß also ein *Kartellgesetz* geschaffen und durchgesetzt werden, damit die zugleich koordinierende und innovierende Leistung des Wettbewerbs erhalten bleibt. Auch dies ist ein für den Transformationsprozeß wichtiger Gesichtspunkt.

3. Schaffung von Wettbewerb im Transformationsprozeß

(21) Welche Konsequenzen ergeben sich nun aus der vorstehenden Skizze der Wettbewerbstheorie für die Gestaltung des Transformationsprozesses?[17] Als man sich vor gut einem Jahrzehnt von der Zentralverwaltungswirtschaft verabschiedete, geschah dies nicht zuletzt wegen der mangelnden Innovationskraft und – damit zusammenhängend – der zu geringen Produktivität. Der Übergang zu einer marktwirtschaftlichen Ordnung sollte gerade in dieser Hinsicht Abhilfe schaffen. Deshalb war aber implizit auch das Ziel gesetzt, die neue Ordnung möglichst wettbewerblich zu orientieren. Damit war eine gewaltige Aufgabe benannt. So sollten die Menschen in ihrer Eigenschaft als Wirtschaftssubjekte, das heißt als Haushalte und Unternehmen, von nun an ihren eigenen Zielsetzungen und Initiativen folgen, statt sich wie bisher in den Dienst eines Gesamtplanes stellen zu müssen, der von einer übermächtigen Bürokratie bestimmt wurde. Die Menschen waren damit gezwungen, ihre *Verhaltensweisen* von heute auf morgen zu ändern, das heißt, völlig anderen Prinzipien zu folgen. Daß dies so war, hängt wiederum aufs engste mit der Frage der *Institutionen* zusammen, denn das Verhalten der Menschen wird von den Institutionen, durch die sie sozialisiert werden, in einem erheblichen Umfange bestimmt. Dieser Gesichtspunkt wird aber besonders relevant, wenn man den Übergang von einer Zentralverwaltungswirtschaft in eine Marktwirtschaft zu vollziehen hat. Wie ausgeführt worden ist, handelt es sich bei einer durch Wettbewerb bestimmten Marktwirtschaft um ein durch ständige Veränderung und Anpassungsnotwendigkeit geprägtes Geflecht von Beziehungen zwischen den Wirtschaftssubjekten, was nicht zuletzt mit den Innovationen zu tun hat, die in diesem System erzeugt werden. Ungewißheit ist ein notwendiges Korrelat dieser Beziehungen und Prozesse, und es sind die Institutionen, die gleichsam eine Art von Korsettstange darstellen, um dieses System zu stabilisieren. Institutionen sind Normen und Regeln, die im Prinzip auf Dauer angelegt sind. Nur dadurch gewährleisten sie die notwendige Beständigkeit, welche wiederum Grundlage dafür ist, daß die Wirtschaftssubjekte das Vertrauen entwickeln, sich auch künftig auf diese Institutionen verlassen zu können. Wie herausgestellt worden ist, kön-

---

[17] Grundlegend für diesen Fragenkomplex: *Brockmeier* (1998).

Ein Plädoyer für mehr Wettbewerb

nen nur auf dieser Basis langfristige Erwartungen gebildet werden, wie sie für das Aufstellen von Wirtschaftsplänen unerläßlich sind.

(22) Aus dem Gesagten folgt unmittelbar, daß man mit dem Umbau der Institutionen nicht früh genug beginnen konnte. Auch war es der Situation angemessen, zumindest die grundlegenden marktwirtschaftlichen Institutionen von anderen Ländern zu übernehmen und nicht erst durch einen *trial and error*-Prozeß eigene Institutionen zu entwickeln, wie dies in falscher Auslegung bestimmter Überlegungen *von Hayek* teilweise propagiert worden ist. Die Aufgabe, das alte Verhalten abzulegen, sich auf neue Institutionen einzulassen und die damit geforderten Verhaltensweisen einzuüben, war bereits groß genug.[18] Die Spielregeln selbst in einem denkbaren Experimentierfeld nun auch noch laufend zu ändern, hätte die Menschen geradezu überfordern müssen. Gegen das Experimentieren mit den Institutionen spricht noch ein weiterer Gesichtspunkt. In einer Umbruchsituation, wie sie für den Übergang von der zentralen Planung zur marktwirtschaftlichen Ordnung kennzeichnend ist, besteht die große Gefahr, daß sich Bedingungen des Faustrechts durchsetzen, wenn man nicht eine bestimmte institutionelle Marschroute fest vorgibt und diese auch seitens des Staates durchsetzt. Ganz abgesehen davon, ist letzteres auch deswegen notwendig, weil in der Gemengelage des Übergangsprozesses immer auch Faktoren wirksam werden, welche die Wirtschaftssubjekte veranlassen, sich nicht konsequent genug an die neue institutionelle Ordnung zu halten, sondern sich immer noch an den alten planwirtschaftlichen institutionellen Strukturen auszurichten. In diesem Zusammenhang ist auch auf das Problem der Korruption zu verweisen.

(23) All dies hätte einen starken Staat vorausgesetzt. Stark nicht im bisherigen Verständnis des allmächtigen Wirtschaftsdiktators, sondern politisch stark in dem Sinne, die neuen marktwirtschaftlichen Institutionen durchzusetzen und zu sichern. Bekanntlich war aber diese Bedingung in Rußland nicht erfüllt, weil durch die enge Verbindung von Partei und Staat in der Sowjetunion mit dem Niedergang des planwirtschaftlichen Systems zugleich mit der Partei auch der Staat geschwächt wurde. Dies ist deswegen bedauernswert, weil ein starker Staat in dem umrissenen Sinne es verhindert hätte, daß an die Stelle der wirtschaftlichen Allmacht von Partei und Staat nun Machtzentren in Form privater Monopole traten, die dann durchaus auch im politischen Sinne Macht erlangen konnten.[19] Mit der Frage der privaten Monopole nähert man sich direkt der wettbewerbspolitischen Fragestellung. In einem viel stärkeren Umfange, als das in Rußland geschehen ist, hätte eine Zerschlagung der großbetrieblichen Produktionsein-

---

[18] Man darf in diesem Zusammenhang nicht übersehen, daß neben dem ökonomischen Umbruch zugleich auch die gesellschaftlichen und politischen Verhältnisse einem grundlegenden Wandlungsprozeß unterlagen. Die Anpassungsschwierigkeiten wurden dadurch weiter gesteigert. Dabei ist zudem zu berücksichtigen, daß sich nicht nur die formalen Spielregeln veränderten, sondern auch die *informalen Normen* an die neue Situation angepaßt werden mußten. Das ist aber der wesentlich komplexere Vorgang, weil hier auch die unterbewußten Komponenten des Verhaltens betroffen sind.

[19] Auch dies ist eine Folge des Machtvakuums. Die Verbindung von ökonomischer und politischer Macht ruft aber in aller Regel eine durch Korruption bestimmte Atmosphäre hervor, in der nur wenige wirklichen Einfluß auf die wichtigen Entscheidungen nehmen können („Oligarchie').

heiten nahegelegen, und zwar sowohl im horizontalen als auch vertikalen Sinne. Mit einer solchen Entflechtung hätte man nicht nur das soeben angesprochene Machtproblem entschärfen können, sondern es wären auch günstigere Voraussetzungen für den Wettbewerbsprozeß entstanden. Wie ausgeführt worden ist, lebt dieser Wettbewerbsprozeß nämlich von einer bestimmten *Vielzahligkeit der Akteure*. Nur unter dieser Voraussetzung besteht eine hinreichende Wahrscheinlichkeit dafür, daß unterschiedliche Entwürfe ausgeführt, unterschiedliche Wege eingeschlagen, unterschiedliche Zukunftsentwürfe getestet werden können. Auf diese Weise ergeben sich differenzierte und teils auch überlegene Problemlösungen in Form von Gütern und Dienstleistungen für die jeweilige Marktgegenseite. So gesehen hat man sich am Beginn des Transformationsprozesses zu sehr auf die Freigabe der Preise einerseits und die Privatisierung andererseits beschränkt. Daraus aber läßt sich ableiten, daß die Aufgabe, nicht nur eine Marktwirtschaft herzustellen, sondern innerhalb dieser Marktwirtschaft den Wettbewerb nach Möglichkeit zu fördern, noch nicht zur Gänze erfüllt ist. Kurz, es sind weitere Maßnahmen in dieser Hinsicht vonnöten.

(24) Wenn Wettbewerbsprozesse im Rahmen der Marktwirtschaft effizient ablaufen sollen, muß im Prinzip *Geldwertstabilität* gewährleistet sein. Dies ist in der obigen Darstellung der Wettbewerbstheorie stillschweigend unterstellt worden. Ein stabiler Geldwert hat im Rahmen des Wettbewerbssystems eine ähnliche Funktion wie die Institutionen. In beiden Fällen geht es um Verläßlichkeit. So benötigt man gerade in einer durch ständige Veränderung gekennzeichneten Welt eine stabile Meßlatte. Beim Aufstellen eines mehr oder weniger weit in die Zukunft reichenden Wirtschaftsplanes müssen Erwartungen im Hinblick auf zukünftige Aufwendungen und Erträge zur Abschätzung von Gewinnpotentialen gebildet werden. Dies wird ungemein erleichtert, wenn zumindest im Prinzip ein stabiler Geldwert unterstellt werden kann. Schwankt der Geldwert, so ist die Bildung von Erwartungen im Hinblick auf die tatsächlich eintretende Veränderung des Geldwertes eine Erschwernis beim Aufstellen der Zukunftspläne. Nicht von ungefähr konzentrieren sich die Wirtschaftssubjekte in einer solchen Situation eher auf kurzfristige Engagements, während längerfristige Innovationspläne – wie sie etwa im Rahmen von Forschung und Entwicklung auftreten – mangels hinreichender Berechenbarkeit oder Abschätzbarkeit bezüglich der Rentabilität eher nicht zustande kommen.[20] Dies führt nicht nur zu einer ‚Verkürzung' des Wettbewerbsprozesses, es werden zugleich Innovations- und Wachstumschancen nicht genutzt. Will man dies korrigieren, müssen die entsprechenden Konsequenzen für die Geldpolitik gezogen werden. Praktisch heißt das, daß in erster Linie inflatorische Prozesse zu vermeiden sind. Dazu gehört auch die Abschaffung der sogenannten weichen Budgets im Staatsbereich, weil diese nur allzuoft eine Quelle der Inflation dargestellt haben und zugleich die wettbewerblichen Selektionsprozesse verfälschen. Entsprechendes hat aber auch im Hinblick auf die Vergabe von Krediten an die privaten Unternehmen zu gelten. Bekanntlich war in der ersten Phase des russischen Transformationsprozesses die notwendige Geldwertstabilität nicht im hinreichenden Maße gegeben, um Wettbewerbsprozesse zu begünsti-

---

[20] Diese Wirkung wird im übrigen auch dann eintreten, wenn die institutionellen Arrangements nicht die notwendige Stabilität aufweisen.

Ein Plädoyer für mehr Wettbewerb

gen. Immerhin kann man konstatieren, daß sich die Verhältnisse in dieser Hinsicht gebessert haben.[21]

(25) Was die *institutionelle Rahmenordnung* für Wettbewerbsprozesse angeht, so sind in Rußland die Dinge inzwischen durchaus auf dem richtigen Wege, wenn man für die Etablierung dieser Ordnung auch verhältnismäßig viel Zeit benötigt hat. Jetzt kommt es allerdings darauf an, diese Ordnung auch umzusetzen. Das ist nicht nur deswegen wichtig, weil damit eindeutige Signale bezüglich der dauerhaften Etablierung jener Regeln gegeben werden, die für Marktprozesse unerläßlich sind. Nötig ist dies vor allem deswegen, weil Wettbewerbsprozesse immer auch Widerstände provozieren. Solche Widerstände erklären sich letztlich daraus, daß Wettbewerb nicht immer etwas Bequemes darstellt. Obwohl die Darstellung der Wettbewerbstheorie notgedrungen sehr knapp ausgefallen ist, sollte klar geworden sein, daß diejenigen, die unter dem gelungenen Vorstoß eines Konkurrenten zu leiden haben, nach Wegen und Mitteln suchen werden, um sich dem dadurch erzeugten Druck zu entziehen. Sie werden in einer solchen Situation den Wettbewerb zu beschränken versuchen oder gar über die politische Lobby Schutzmaßnahmen (z. B. Subventionen) anstreben. Selbst wenn die Wettbewerber auf einem Markt nicht unter Druck stehen, können sie unter bestimmten Voraussetzungen durch Absprachen ihren Gewinn steigern. Auch dann liegt eine *Wettbewerbsbeschränkung* vor. Soll die neue Wettbewerbsordnung in Rußland glaubwürdig werden und dadurch an Überzeugungskraft gewinnen, so muß gegen solche Versuche energisch eingeschritten werden. Dies setzt nicht nur eine kluge Wettbewerbspolitik voraus, es müssen auch den Wettbewerb sichernde unabhängige Institutionen geschaffen werden, nämlich eine *Wettbewerbsbehörde* auf der einen und *Wettbewerbsgerichte* auf der anderen Seite. All dies ist unabdingbar, wenn man die Ziele, die man sich beim Übergang in die Marktwirtschaft gesetzt hat, nämlich eine gesteigerte Innovationskraft und eine erhöhte Produktivität, auf Dauer erreichen will.

(26) Der Widerstand gegen eine wettbewerblich geordnete Wirtschaft kann auch noch aus einem anderen Grunde manifest werden. So spricht einiges dafür, daß zu Beginn des Transformationsprozesses ein Mangel an Kenntnissen über die Wirkungsweise einer Wettbewerbswirtschaft gegeben war. Es ist ja zu berücksichtigen, daß in Rußland das Marktdenken über Jahrzehnte hinweg unterdrückt worden war. Aus diesem Mangel an Erfahrung im Umgang mit Wettbewerb kann sich aber Angst einstellen, Angst vor dem Unbekannten. Schließlich kann noch ein Unbehagen im Hinblick auf die überlegene Marktkompetenz ausländischer Anbieter hinzutreten, denen man sich zumindest vorderhand noch nicht gewachsen fühlt. Obwohl diese Überlegungen nicht ganz von der Hand zu weisen sind, erweisen sie sich bei näherer Betrachtung dennoch als im wesentlichen unbegründet. So ist Rußland ein großes Land. Große Länder weisen aber erfahrungsgemäß eine geringe Import- und Exportquote auf. Dies gilt in verstärktem Maße, wenn es sich um ein Land handelt, das sich in die weltwirtschaftliche Arbeitsteilung

---

[21] Es sei nur darauf hingewiesen, daß auch noch andere Felder der Wirtschaftspolitik die Wettbewerbsprozesse beeinflussen. Hier sei die Finanzpolitik genannt. Insbesondere die Art der Besteuerung kann erheblichen Einfluß auf die Anreizstruktur im Hinblick auf Wettbewerbsprozesse nehmen.

noch nicht richtig eingegliedert hat. Das bedeutet aber, daß die ganz überwiegende Anzahl von Austauschbeziehungen zwischen inländischen Wirtschaftssubjekten stattfindet.[22] Zugleich heißt dies, daß man bei der Einführung des Wettbewerbs bei allen Wirtschaftssubjekten im großen und ganzen die gleichen Voraussetzungen vorfindet. Mit anderen Worten, die geringe Erfahrung im Umgang mit Wettbewerb ist relativ gleichmäßig über die Wirtschaft verteilt. Es wird sozusagen auf gleicher Augenhöhe verhandelt.

Rußland besitzt somit einen Vorteil, den kleinere Transformationsländer in dieser Weise nicht besitzen: Es kann den Wettbewerbsprozeß gewissermaßen im eigenen Lande einüben. Bei der Darstellung der Wettbewerbstheorie ist aufgezeigt worden, wie sich durch das Aneinanderabarbeiten der Wirtschaftssubjekte im Wettbewerbsprozeß *Kompetenzen* aufbauen und dadurch *Wissen* erzeugt wird. Anders ausgedrückt, Rußland besitzt die Chance, durch die Etablierung einer wettbewerblichen Ordnung und durch eine konsequente Wettbewerbspolitik den Innovationsprozeß von innen heraus in Gang zu bringen. Dadurch aber wird im Laufe der Zeit Wissen entdeckt, das nicht nur für die russische Wirtschaft, sondern auch für andere Länder bedeutsam ist. Damit beginnt dann sukzessive die Integration in die weltwirtschaftliche Arbeitsteilung. *Ausgangspunkt der wettbewerbspolitischen Bemühungen hat also primär der russische Binnenmarkt zu sein*. Durch den hier einsetzenden Wettbewerb werden Potentiale freigesetzt, die in der Zeit der Planwirtschaft gleichsam gefesselt waren. Daß solche Potentiale vorhanden sind, zeigt die rasche Entwicklung der russischen Schattenwirtschaft, die zeitweise geradezu als eine Art Trainingsfeld für marktliche bzw. wettbewerbsrelevante Fähigkeiten benutzt worden ist, jedenfalls so interpretiert werden kann. Eine konsequente Umsetzung der institutionellen Voraussetzungen einer Wettbewerbsordnung wird auf längere Sicht dazu führen, daß diese Schattenwirtschaft Teil der ‚offiziellen Wirtschaft' wird. Auf das Unternehmertum, das sich in der Schattenwirtschaft offenbart und heranbildet, sollte man in keinem Falle verzichten.

(27) Hier ist nun gleich vor einem möglichen Mißverständnis zu warnen. Der Hinweis darauf, daß man es beim Übergang zu einer Wettbewerbsordnung in erster Linie mit inländischen Konkurrenten zu tun hat, sollte lediglich zum Ausdruck bringen, daß man sich dem Wettbewerbsprinzip mit Zuversicht nähern kann. Keinesfalls sollte damit gesagt sein, daß es sinnvoll und zweckmäßig wäre, sich von den wettbewerblichen Einflüssen außerhalb der eigenen Landesgrenzen abzuschotten. Damit würde man auf die Nutzung bereits vorhandenen Wissens verzichten, was nicht sinnvoll sein kann. Daß es sich lohnt, auf bereits vorhandenes Wissen zurückzugreifen, ist bereits im Zusammenhang mit der Errichtung einer Wettbewerbsordnung diskutiert worden. Dort ging es um die Nutzung des bereits vorhandenen abstrakten Koordinationswissens. Aber auch nachdem die Wettbewerbsordnung errichtet worden ist, können die im Markt Agieren-

---

[22] Freilich muß man hier je nach der Art des Marktes gewisse Unterschiede beachten. So trifft die Argumentation vollkommen zu für diejenigen Güter, die international nicht handelbar sind. Bei den international handelbaren Gütern – insbesondere auf den Rohstoff- und Energiemärkten – ist der Außenhandelsanteil höher. Von der damit angesprochenen Differenzierung in der Argumentation, die bei einer ausführlicheren Darstellung notwendig wäre, sei hier der Einfachheit halber abgesehen.

den in vielfältiger Form auf bereits vorhandene Wissenstatbestände zurückgreifen. Dies geschieht beispielsweise dann, wenn Kapitalgüter importiert werden, die in einem mehr oder weniger starken Umfange ‚geronnenes Wissen' enthalten. Auch wenn es um die Gestaltung des Produktionsprozesses oder um Forschungs- und Entwicklungsaktivitäten geht, kann im Zeitalter der Wissensgesellschaft und des Internets viel Wissen von außen herangezogen werden, gegebenenfalls auch gegen Lizenzgebühren. In diesem Kontext hat auch der Staat eine wichtige Aufgabe wahrzunehmen. Damit Wissen von außen aufgenommen werden kann, bedarf es eines bestimmten Entwicklungsstandes des Humanvermögens. Durch ein gutes Ausbildungssystem und die entsprechende Förderung insbesondere der Grundlagenforschung kann der Staat hier die notwendigen Voraussetzungen schaffen. In Verbindung mit den *learning by doing*-Prozessen in den Unternehmungen selbst kann dann im Wettbewerbsprozeß generell ein höheres Kompetenzniveau erreicht werden.

Allerdings ist in diesem Zusammenhang zu berücksichtigen, daß Wissen, das man von außen übernimmt, nicht in jedem Falle unmittelbar umsetzbar ist, weil noch Komponenten spezifischen Anwendungswissens oder gar implizites Wissen hinzukommen müssen. Für diese Fälle bietet es sich an, mit ausländischen Firmen den Weg der Kooperation zu beschreiten. So kann man Personal zur Schulung ins Ausland schicken oder aber die direkte Zusammenarbeit im Inland in Form von *joint ventures* suchen. Insoweit der Staat hier fördernd tätig wird, sollte er zugleich die Stärkung des Wettbewerbs im Auge behalten. So mag es Fälle geben, wo man – aus welchen Gründen auch immer – eine Entflechtung nicht vornehmen kann oder vornehmen will, wo also zunächst noch monopolartige Situationen vorherrschen. Dies kann insbesondere in einigen relativ dünn besiedelten Regionen der Fall sein.[23] Indem man dort eine Neugründung mit einem *joint venture* verknüpft, kann man zugleich mit dem Wissenstransfer eine Verbesserung der Wettbewerbssituation herbeiführen. Man würde damit gewissermaßen ‚zwei Fliegen mit einer Klappe schlagen', nämlich den Wissensstand erhöhen und die Wettbewerbskräfte stärken.

(28) Wenn man auf die soeben geschilderte Weise die Wettbewerbskräfte auf den internen Märkten stärkt, setzt mit der Zeit auf breiter Front ein sich selbst verstärkender Wettbewerbsprozeß ein, der zugleich das Kompetenzniveau so weit anhebt, daß die Integration dieser Märkte in die weltwirtschaftliche Arbeitsteilung von einem bestimmten Zeitpunkt an ganz von selbst eintritt. Bislang ist primär von Binnenmärkten die Rede gewesen. Selbstverständlich gibt es daneben auch gegenwärtig bereits Märkte, auf denen die Unternehmen international schon wettbewerbsfähig sind. Dies folgt unmittelbar aus dem Prinzip der komparativen Kostenvorteile oder – was prinzipiell auf das Gleiche hinausläuft – es pendelt sich bei flexiblen Wechselkursen der Kurs auf einem solchen Niveau ein, daß bestimmte inländische Unternehmen auf dem Weltmarkt kon-

---

[23] Es ist in diesem Zusammenhang daran zu erinnern, daß die sozialistische Arbeitsteilung im räumlichen Sinne zu Strukturen geführt hat, die marktwirtschaftlichen Kriterien ganz und gar nicht standhalten. Daß es sich hierbei nach marktwirtschaftlichen Kriterien um Fehlallokationen handelt, ist nach dem Übergang zur Marktwirtschaft gnadenlos offengelegt worden, weil nun nach der Freigabe insbesondere der Energiepreise auch die Höhe und Bedeutung der Transportkosten sichtbar geworden sind.

kurrieren können.²⁴ Dies sind gegenwärtig in erster Linie Rohstoff- und Energiemärkte. Auf diesen Märkten kommt es aber infolge der internationalen Konjunkturbewegungen zu erheblichen Schwankungen der Erlöse, was wiederum gewisse nachteilige Rückwirkungen auf die internen ökonomischen Prozesse in Rußland hat. Nun könnte man sich in dem Maße von diesen Schwankungen unabhängiger machen, indem von innen her ein Wettbewerbsprozeß in Gang gesetzt wird, weil dann nämlich neben Rohstoffen und Energie auch andere Produkte für einen dauerhaften russischen Export in Frage kämen. Insgesamt wäre dadurch eine größere Kontinuität der wirtschaftlichen Entwicklung gewährleistet.

(29) Ein Punkt muß in diesem Zusammenhang noch angesprochen werden. Soll eine Marktwirtschaft adäquat arbeiten können, so muß der Wettbewerb auf *allen* Märkten realisiert werden. Es genügt also keineswegs, lediglich die Gütermärkte zu liberalisieren, auch die Faktormärkte müssen wettbewerblich geordnet werden. In dieser Hinsicht gibt es in Rußland noch einiges zu tun. So müssen nicht nur die Beschränkungen bezüglich des Bodenmarktes fallen, es muß auch der Energiesektor entmonopolisiert werden. Bezüglich des Kapitalmarktes ist festzustellen, daß er den Bedingungen einer Wettbewerbswirtschaft ebenfalls noch nicht genügt. Wenn die Börsenkapitalisierung in Rußland im Jahre 2000 nur 1,5 % der Aktien aller Schwellenländer und nur 0,1 % der Kapitalisierung der entwickelten Länder beträgt, so zeigt dies mit aller Deutlichkeit, daß der Kapitalmarkt noch völlig unterentwickelt ist.²⁵ Wettbewerbliche Vor- und Nachstöße setzen immer voraus, daß eine entsprechende Finanzierung vorhanden ist. Sollen die Prozesse auf den Gütermärkten richtig in Fahrt kommen, bedarf es also auch der Entwicklung des Kapitalmarktes (*Fehl* 1994). Zu seiner Entwicklung muß gegebenenfalls wieder auf den oben bereits angeführten Wissenstransfer von außen zurückgegriffen werden, wenn nötig auch unter Beteiligung ausländischer Banken oder Institutionen. Bedenkt man, daß der Kapitalmarkt der *Ort des intertemporalen Austausches* ist, dann geht es hier immer auch um Zukunft und Vertrauen in die Zukunft. Ein unterentwickelter Kapitalmarkt offenbart, daß ein solches Vertrauen noch nicht in hinreichendem Maße entstanden ist. Sorgt man durch eine konsequente Wettbewerbspolitik dafür, daß der Wettbewerb im inneren vorankommt, so wird sich auch diese Situation rasch ändern. Das Vertrauen in die Wettbewerbsordnung wird sich dann am Kapitalmarkt spiegeln, und zwar in der Weise, daß die Transaktionsvolumina ebenso zunehmen wie die entsprechende zeitliche Tiefe der dort vorgenommenen Transaktionen.

(30) Nun sollen die Schwierigkeiten, die aus der sozialistischen Erbschaft resultieren, nicht übersehen werden. Die Aufgabe, die es zu lösen gilt, ist groß. Aber auch Rom wurde nicht an einem Tag erbaut. Wichtig ist, daß die *Etablierung von Wettbewerb als Richtschnur des Handelns* dient. Dabei wird man nicht immer alles richtig machen. Ebenso wie der Wettbewerb selbst ist auch die Wettbewerbspolitik mit einem *trial and error*-Prozeß zu vergleichen (*Hoppmann* 1988, *Kreye* 2001). Aber es ist möglich, aus

---

[24] Dadurch wird das Bemühen westlicher Unternehmen, die wegen des potentiell großen Marktes in Rußland Fuß fassen wollen, in gewissen Schranken gehalten. Letztlich wird diese Frage von der Höhe des Kapitalimports entschieden.

[25] Vgl. Frankfurter Allgemeine Zeitung, 14. August 2001, S. 23.

den gemachten Erfahrungen zu lernen und die institutionellen Regelungen, die zur Steuerung von Wettbewerbsprozessen nötig sind, immer wieder anzupassen (*Geue* 1997). Dies gilt aber auch für die bereits fortgeschrittenen Länder, das heißt, es handelt sich dann schon nicht mehr um ein transformationsspezifisches Problem.

Literatur

Brockmeier, Th., (1998), Wettbewerb und Unternehmertum in der Systemtransformation, Stuttgart.

Delhaes, K v. und *U. Fehl* (1991), Der Transformationsprozeß in der Zeit: Konsequenzen von Dauer und Reihung systemverändernder Maßnahmen, in: *K.-H. Hartwig* und *H. J. Thieme* (Hg.), Transformationsprozesse in sozialistischen Wirtschaftssystemen, Berlin u.a., S. 435-474.

Delhaes, K v. und *U. Fehl* (1997), Dimensionen des Wettbewerbs: Problemstellungen, in: *K. v. Delhaes* und *U. Fehl* (Hg.), Dimensionen des Wettbewerbs, Stuttgart, S. 1-27.

Fehl, U. (1994), Sparen und Kapitalbildung: Voraussetzung und Motor von Wirtschaftswachstum, in: *C. Herrmann-Pillath, O. Schlecht* und *H. F. Wünsche* (Hg.), Marktwirtschaft als Aufgabe, Stuttgart, Jena und New York 1994, S. 347-360.

Fehl, U. und *P. Oberender* (2002), Grundlagen der Mikroökonomie, 8. Auflage, München.

Geue, H. (1997), Evolutionäre Institutionenökonomik, Stuttgart.

Hayek, F. A. v. (1968), Der Wettbewerb als Entdeckungsverfahren, in: Kieler Vorträge, Neue Folge 56, Kiel.

Hensel, K. P. (1954/1979), Einführung in die Theorie der Zentralverwaltungswirtschaft: Eine vergleichende Untersuchung idealtypischer wirthaftlicher Lenkungssysteme an Hand des Problems der Wirtschaftsrechnung, 3., unveränd. Aufl., Stuttgart 1979.

Hesse, G. (1982), Die Entstehung industrialisierter Volkswirtschaften, Tübingen.

Hesse, G. (1992), Innovative Anpassung in sozio-ökonomischen Systemen, in: *B. Biervert* und *M. Held* (Hg.), Evolutorische Ökonomik, Frankfurt, S. 110-142.

Heuß, E. (1965), Allgemeine Markttheorie, Tübingen und Zürich.

Heuß, E. (1980), Wettbewerb, in: Handwörterbuch der Wirtschaftswissenschaften (HdWW), Band 8, Stuttgart u.a.., S. 679-697.

Hoppmann, E. (1988), Wirtschaftsordnung und Wettbewerb, Baden-Baden.

Kerber, W. (1997), Wettbewerb als Hypothesentest: Eine evolutorische Konzeption wissenschaffenden Wettbewerbs, in: *K. v. Delhaes* und *U. Fehl* (Hg.), Dimensionen des Wettbewerbs, Stuttgart, S. 29-78.

Kirzner, I. M. (1978), Wettbewerb und Unternehmertum, Tübingen.

Knight, F. H. (1921), Risk, Uncertainty, and Profit, Boston.

Kreye, A. (2001), Wirtschaftliche Transformation als koevolutorischer Prozeß von Wirtschaft und Regelebene: Das Beispiel des russischen Transformationsprozesses, Frankfurt a.M..

Mises, L. v. (1920/1921), Die Wirtschaftsrechnung im sozialistischen Gemeinwesen, in: Archiv für Sozialwissenschaften und Sozialpolitik, Bd. 47, S. 86-126.

Röpke, J. (1977), Die Strategie der Innovation, Tübingen.

Schreiter, C. (1994), Evolution und Wettbewerb von Organisationsstrukturen, Göttingen.

Schüller, A. (1994), Vom staatlichen Preisdirigismus zu Wettbewerbspreisen, in: *C. Herrmann-Pillath, O. Schlecht* und *H. F. Wünsche* (Hg.), Marktwirtschaft als Aufgabe, Stuttgart, Jena und New York, S. 465-480.

Schüller, A. und *D. Wentzel* (1991), Die Etablierung von Wettbewerbsmärkten: Zur Herstellung eines funktionsfähigen Preissystems, in: *K.-H. Hartwig* und *H. J. Thieme* (Hg.), Transformationsprozesse in sozialistischen Wirtschaftssystemen, Berlin u.a., S. 281-304.

Schumpeter, J. A. (1952), Theorie der wirtschaftlichen Entwicklung, 5. Auflage, Berlin.

Smith, A. (1776), An Inquiry into the Nature and Cause of the Wealth of Nations, 2 Bände, London.

Ulrich Fehl und Alfred Schüller, Wettbewerb und weltwirtschaftliche Integration
Studien zur Ordnungsökonomik · Nr. 28 · Stuttgart · 2002

Weltwirtschaftliche Integration der Transformationsländer als ordnungsökonomische Aufgabe

Alfred Schüller

Inhalt

1. Das Problem 26

2. Ordnungsökonomische Orientierung: Ebenen der weltwirtschaftlichen Integration 26
   - 2.1. Das nationale Regelsystem: Die erste Ordnungsebene 27
   - 2.2. Die selbstbindenden Regeln der Wirtschaft: Die zweite Ordnungsebene 28
   - 2.3. Das internationale Regelsystem: Die dritte Ordnungsebene 29

3. Systemwissen als Integrationsbrücke 31
   - 3.1. Marktwirtschaftliche Institutionen als Ergebnis eines evolutorischen Transformationsprozesses 32
   - 3.2. Systemwissen als Entwicklungsfaktor 33
   - 3.3. Systemwissen und Direktinvestitionen 36

4. Das Problem der finanziellen Auslandshilfe 37
   - 4.1. Auslandsverschuldung als Integrationsbrücke 37
   - 4.2. Die Leistungsbilanzumkehr: Die Integrationsbrücke im Belastungstest 38
     - 4.2.1. Die Perspektive der Kreditnehmer 38
     - 4.2.2. Die Perspektive der Kreditgeber 40

5. Der Internationale Währungsfonds und seine Ordnungs- und Integrationskraft 41
   - 5.1. Der IWF als Befreier aus Dilemmasituationen? 41
   - 5.2. Zweifel am Hilfsvermögen des Fonds 44
   - 5.3. Die integrationspolitische Problematik frühzeitiger Wechselkursbindungen 45

6. Die internationale Handelsordnung als Ordnungs- und Integrationsfaktor 47

7. Folgerungen 49

Literatur 53

1. Das Problem

Nach der Befreiung von der sowjetischen Herrschaft streben die Länder des ehemaligen Rates für Gegenseitige Wirtschaftshilfe (RGW) mit dem Übergang zur Marktwirtschaft die Einbindung in die internationale Arbeitsteilung an. Auch China, Nordkorea und Vietnam scheinen sich dem mehr oder weniger weitgehend anschließen zu wollen. Auf dem Weg von einem extremen wirtschaftspolitischen Nationalismus zum wirtschaftspolitischen Internationalismus, von der staatsdirigistischen Konfliktstrategie der internationalen Wirtschaftsbeziehungen zu einer internationalen Marktintegration sind „Kooperationsbereitschaft und Kooperationsfähigkeit" gefordert (*Schwarz* 1998, S. 278). Das hierfür geeignete ordnungsökonomische Denk- und Handlungskonzept wird in den Kapiteln 2. und 3. behandelt. Die damit angesprochene Herausforderung der Transformationsländer wird in den Kapiteln 4. bis 6. durch folgende Fragen erweitert: Was kann zur Erleichterung von außen beigetragen werden? Kann externe Hilfe nicht auch dem Vorhaben der weltwirtschaftlichen Öffnung schaden? Der Beitrag endet mit einer Zusammenfassung der Ergebnisse in Kapitel 7.

2. Ordnungsökonomische Orientierung: Ebenen der weltwirtschaftlichen Integration

Kooperationsfähigkeit setzt die *Bereitschaft* zur Kooperation und einen globalen Maßstab hierfür voraus. Dieser Prüfstein wird hier im Ausmaß der Anerkennung und Sicherung der Konsumenten- oder Käufersouveränität gesehen. Ein solcher Bezugspunkt ist Ausdruck eines Verständnisses politischen und wirtschaftlichen Handelns, das am Individualprinzip ausgerichtet ist. Die Konsumentensouveränität zu verwirklichen, setzt ein Lenkungsverfahren voraus, das geeignet ist, bei den Produzenten Anreize und Kontrollen auszulösen, solche Güter anzubieten, die von den Käufern präferiert werden. Kooperations*bereitschaft* ist im Verständnis dieses Lenkungsverfahrens das Ergebnis von Prinzipien, die eine Marktwirtschaft als Wettbewerbsordnung konstituieren (siehe *Eucken* 1952/1990; *Fehl* in diesem Heft). Kooperationsbereitschaft erwächst in marktwirtschaftlichen Wettbewerbsprozessen aus Eigeninteressen der Akteure. Dies geschieht freilich nicht von selbst, sondern erfordert sowohl in den nationalen als auch internationalen Bezügen – schon wegen der leichteren Organisierbarkeit von Produzenteninteressen – die Einsicht der Politiker, daß die daraus entstehenden wohlstandsfördernden Wirkungen langfristig bei weitem die Nachteile überwiegen, die bei den Produzenten entstehen, die sich mit den Anforderungen im Wettbewerb schwer tun oder ihnen nicht gewachsen sind.

Die Perspektiven der Käufersouveränität als Prüfstein der Kooperationsbereitschaft stoßen in Transformationsländern auf noch größeren Widerstand als in entwickelten Marktwirtschaften. Die zu transformierenden Wirtschaftsstrukturen sind nämlich aus dem Anspruch der kommunistischen Partei entstanden, allein legitimiert und in der Lage zu sein, die ‚wahren Bedürfnisse' der Menschen zu kennen und mit Hilfe eines zentral gesteuerten Systems von Befehlen und Zuteilungen in die ‚richtigen' Bahnen zu lenken. Die mit der Auflösung dieses Systems entstandene Wahlfreiheit der Käufer hat der bisherigen Bedürfnishierarchie (mit regelmäßig nachrangiger ‚Versorgung' der Verbraucher) und den davon geprägten Produktionskapazitäten, Beschäftigungsverhältnissen, binnen- und außenwirtschaftlichen Tauschbeziehungen gleichsam den Boden entzogen.

Der Systemwechsel ist mit einem grundlegenden Wandel des bisherigen Bezugspunktes der Kooperationsbereitschaft verbunden. Die parteipolitisch gesteuerte Produzentenherrschaft wird von der Konsumentensouveränität abgelöst. Dieser Vorgang ist allein schon deshalb mit Konflikten behaftet, weil er mit dem Verlust von wirtschaftlicher und politischer Macht wie auch mit der Gefährdung bisheriger Arbeitsplätze verbunden ist.

Aus einer ordnungsökonomischen Sicht mußte das geistig-kulturelle und institutionelle Rüstzeug der Kooperations*fähigkeit* auf drei Ebenen neu erworben werden. Diese integrationspolitischen Bewährungsfelder sind

- die Ebene des nationalen Regelsystems,
- die Ebene der selbstbindenden Regeln der Wirtschaft,
- die Ebene des supranationalen Regelsystems.

Teilaspekte der ordnungsökonomischen Sicht beziehen sich auf die Fragen: Wie entstehen die marktwirtschaftlichen Regelsysteme, welche Qualität haben sie hinsichtlich der Durchsetzbarkeit und Fähigkeit, menschliche Tauschwünsche in weltoffenen arbeitsteiligen Prozessen mit Aussicht auf wechselseitige Vorteilhaftigkeit zu koordinieren und welcher ordnenden Kräfte bedarf es hierzu?

2.1. Das nationale Regelsystem: Die erste Ordnungsebene

Die weltwirtschaftliche Integration entscheidet sich nach Art und Ausmaß auf der nationalen Ebene in Abhängigkeit von der Ordnung, die im Innern der Transformationsländer entsteht. Hierbei geht es vor allem um folgende Aufgaben:

- Übergang von der politisch gesteuerten, staatsbürokratisch organisierten Zentralisierung des menschlichen Wissens zu einer dezentralen Nutzung und Koordination des Wissens über weltoffene Märkte auf der Grundlage des Informationssystems der Preise.
- Herstellung und Gewährleistung der hierfür erforderlichen Vertrags- und Gewerbefreiheit nach Maßgabe der Konsumentensouveränität, privater Eigentumsrechte (Property Rights) und von Marktpreisen, Sicherung der Geldwertstabilität und harter Budgetbeschränkungen – als Voraussetzung für eine knappheitsgerechte dezentrale Wissensnutzung und -koordination.
- Verzicht auf staatliche Handels-, Devisen- und Kapitallenkung und Zulassung marktwirtschaftlicher Formen des Ausgleichs der internationalen Zahlungen und der Kreditbeziehungen.[1]

---

[1] Marktwirtschaftliche Mechanismen des Zahlungsbilanzausgleichs zeigen den Einzelwirtschaften (auf der Grundlage von Knappheitspreisen und realistischen Wechselkursen) an, ob es günstiger ist, im In- oder Ausland zu kaufen bzw. zu verkaufen. Zur Nutzung dieses Wissens motivieren das Gewinninteresse und der Wettbewerb. Gewinnanreiz und Wettbewerbsdruck wirken dahin, daß der Koordination des Wissens die Koordination des Handelns folgt.

– Rechtlich-institutionelle Vorkehrungen und informelle Formen des verläßlichen Handelns im Geschäftsverkehr. Dadurch kann sich auf der Grundlage eines direkten Zusammenhangs von Entscheidung und Haftung „ein Nebeneinander freier, gleichberechtigter und autonom planender Individuen von selbst zu einem sozialen Kosmos" zusammenfügen (*Böhm* 1966, S. 80). Der hierzu erforderliche staatliche Schutz der Privatautonomie gewinnt in dem Maße an Stärke, wie hierfür in der Bevölkerung eine geistig-moralische Disposition entsteht. Die austauschfördernde Qualität dieser Privatrechtsordnung hat *Adam Smith* (1776/1974, S. 785) in klassischer Schlichtheit wie folgt charakterisiert: Handel und Gewerbe können selten sehr lange in einem Land gedeihen, „das ohne gesondertes Rechtswesen ist, in dem das Vertrauen in Verträge nicht durch das Gesetz gestärkt wird, in dem man nicht regelmäßig den Einsatz der Staatsgewalt erwarten kann, damit zahlungsfähige Schuldner auch zur Leistung gezwungen werden. Kurz, Handel und Gewerbe können selten in einem Staat aufblühen, in dem nicht ein gewisses Maß an Vertrauen in die von der Regierung zu gewährleistende Rechtssicherheit besteht."

Die weltwirtschaftliche Integration von Transformationsländern, die an die Privatrechtstradition erst wieder anknüpfen oder sie neu begründen wollen, erfordert Anstrengungen, die bestehende Rechtsunsicherheit in den genannten Punkten abzubauen. Der Erfolg dieser Bemühungen entscheidet darüber, ob aus den Regeln des nationalen Privatrechts und der Handhabung von Konflikten durch das Strafrecht und die Gerichtsbarkeit ein handelsförderndes internationales Privatrecht entstehen kann.

2.2. Die selbstbindenden Regeln der Wirtschaft: Die zweite Ordnungsebene

Weltwirtschaftliche Integration als ausgereifte internationale „Tausch-, Preis- und Zahlungsgemeinschaft" (*Wilhelm Röpke*) vollzieht sich in einem dichten Netz von mehr oder weniger spontan entstandenen Regeln, die aus der Gewohnheit der Anerkennung und spürbarer Sanktionierung im Falle der Verletzung ein starkes Bindungsvermögen entwickeln. Dazu zählen allgemeine und branchenspezifische Handelsbräuche, Verhaltenskodizes, Standardverträge, Muster- und Handelsklauseln, allgemeine Rechtsgrundsätze, Vereinbarungen über die internationale Schiedsgerichtsbarkeit und über die Durchsetzung von Schiedsurteilen (zu dieser sog. „neuen lex mercatoria" siehe *Schmidtchen* 1995, S. 56 ff.; *Streit* 1996, S. 521 ff.). Durch dieses selbstgeschaffene (informelle) Recht der Wirtschaft kann, flankiert von formellen Rechtsetzungen seitens internationaler Wirtschaftsverbände, Handelskammern und ähnlicher Organisationen, ein erheblicher Teil der auf der ersten Ordnungsebene verbleibenden Rechtsunsicherheit aus divergierenden nationalen Rechtsordnungen und unvollständigen Verträgen abgebaut werden, ohne daß es hierzu einer supranationalen Durchsetzungsinstanz bedarf. Glaubwürdigkeit, die in dieser nichtstaatlichen Sphäre der Integration erworben wird, kann in erheblichem Maße dazu beitragen, austauschbeschränkende Unsicherheiten, die von der *ersten Ordnungsebene* ausgehen, abzubauen. Davon werden auch die Kosten abhängen, die entstehen, wenn auf Intermediäre mit hoher Reputation (Banken und spezialisierte Handelsunternehmen) zurückgegriffen wird.

Je mehr es den Transformationsländern als Privatrechtsneulingen gelingt, auf dieser *zweiten Ordnungsebene* als Gleiche unter Gleichen akzeptiert zu werden, desto größer wird das „Mehr an Integration (sein), welches durch die staatliche Hinnahme des informellen Gebrauchs der Handlungsfreiheit, aber auch dessen begrenzte, formelle, judikative Unterstützung ermöglicht wird" (Streit 1996, S. 534). Davon kann eine zweifache Wirkung ausgehen:

- Auf der *zweiten Ordnungsebene* können Lernprozesse die Einsicht vermitteln, daß es nützliche Institutionen außerhalb der nationalen oder internationalen Einflußsphäre gibt und daß es sich lohnt, überkommene integrationsfeindliche Mentalitäten auf der *ersten Ordnungsebene* abzubauen.

- Das transaktionskostensenkende Potential *der zweiten Ordnungsebene* kann sich um so stärker entfalten, je mehr diese Art von Rechtsstaatsimport auf eine gleichgerichtete Entwicklung des Rechts auf der *ersten Ordnungsebene* trifft.

2.3. Das internationale Regelsystem: Die dritte Ordnungsebene

Internationale Regelbindungen ermöglichen es, Unsicherheiten für das nationale Wirtschaftsgeschehen zu verhindern oder zu vermindern. Die Bereitschaft zu entsprechenden Abkommen dürfte davon abhängen, wie störanfällig sich ein Land gegenüber exogenen Datenänderungen einschätzt und wie leicht es diese aus eigener Kraft bewältigen kann. Je leichter außenwirtschaftliche Datenänderungen verkraftet werden können (etwa wegen vergleichsweise hoher Autarkiebegabung und geringer Außenhandelsabhängigkeit eines Landes), desto größer wird vielfach der nationale Widerstand gegen internationale Abkommen mit souveränitätsbeschränkenden Regelbindungen eingeschätzt. Ob dies die bisherige Zurückhaltung Rußlands gegenüber einer weitgehenden Integration in die Weltwirtschaft hinreichend erklären kann, sei dahingestellt. Immerhin sind die kleineren, in ihrer wirtschaftlichen Entwicklung stärker von der internationalen Arbeitsteilung abhängigen ehemaligen RGW-Länder zur bestmöglichen Nutzung ihrer produktiven Kräfte weit stärker auf institutionell abgesicherte Außenhandelsbeziehungen angewiesen – und dieser Erkenntnis haben sie auch nach dem Umbruch mit teilweise erstaunlichem Erfolg Rechnung getragen. Die Fähigkeit zur internationalen Regeltreue und Vertrauenssicherung hängt jedoch letztlich – unabhängig von der Größe eines Landes – vom Charakter dieser Regeln[2] und vom einsichtsvollen politischen Handeln entsprechend den geistig-kulturellen Anforderungen ab. Darüber wird auf der *ersten Ordnungsebene* entschieden.

Wir beschränken uns hier im wesentlichen auf die handels- und währungspolitischen Bereiche der internationalen Kooperation.[3] Sie scheinen für das Hineinwachsen der Transformationsländer in die Weltwirtschaft besonders wichtig zu sein. Diese Aufgabe ist vor dem Hintergrund des gescheiterten Versuchs der UdSSR zu sehen, mit dem Rat für Gegenseitige Wirtschaftshilfe (RGW) einen ‚einheitlichen sozialistischen Weltmarkt' zu schaffen. Es gibt offensichtlich keine konkurrenzfähige Alternative zum liberalen privatrechtlich verfaßten Typ der internationalen Ordnung.

---

[2] Prinzipiell wird ein Land nur solche Regeln akzeptieren, von denen es langfristig Vorteile erwartet.

[3] Zur Gesamtheit der älteren und neueren institutionellen Entwicklungen in der wirtschafts- und währungspolitischen Kooperation siehe *Deutsche Bundesbank* (1997; 2001, S. 15 ff.).

In dieser Denktradition stehen *erstens* die überstaatlichen handelspolitischen Regelungen, die 1947 mit dem GATT geschaffen wurden. Vorausgegangen war der Zerfall einer Welthandelsordnung, die im wesentlichen auf den Regeln der *ersten* und der *zweiten* Ordnungsebene, also auf dem beruhte, was mit *Wilhelm Röpke* „Liberalismus von unten" genannt werden kann. Diese Regeln sind vielfach aus der Praxis der (bilateralen) Handelsvertragspolitik entstanden.[4] Mit dem Regelwerk des GATT (unbedingte Meistbegünstigung, Abbau von Handelsschranken, Reziprozität und Konsultationsbereitschaft) verpflichten sich die Regierungen der Mitgliedsländer zur gegenseitigen handelspolitischen Entmachtung. Damit sollen Verfälschungen des Wettbewerbs, die von staatlicher Seite ausgehen, verhindert und eine friedliche internationale Tauschwirtschaft ermöglicht werden. Zugleich soll das Regelwerk des GATT auf der *ersten Ordnungsebene* der Mitgliedsländer geistig-kulturell und politisch verankert werden.

In dieser Methode des Hineinwachsens in die Weltwirtschaft kann die entscheidende Hilfestellung des GATT für die weltwirtschaftliche Integration der Transformationsländer gesehen werden. Freilich steht dies vielfach nicht nur im Widerspruch zur Binnenwirtschaftspolitik dieser Länder, sondern auch vieler etablierter Mitgliedsländer des GATT, und zwar aus folgendem Grund:

Im Prozeß der wirtschaftlichen Internationalisierung mit einer zunehmenden Entwicklung des Außenhandels vom inter-industriellen (komplementären) zum intra-industriellen (konkurrierenden) Güter- und Leistungsaustausch werden den Herstellern letztlich unausweichliche Wettbewerbsanstrengungen abverlangt. Privatunternehmerische Versuche, den Wettbewerb auf den Waren- und Dienstleistungsmärkten zu beschränken, bleiben deshalb häufig erfolglos. Um so mehr tragen knappheitswidrige Arbeitsmarktregulierungen und nationale wohlfahrtsstaatliche Sonderwege dazu bei, daß zur Sicherung von Arbeitsplätzen preisgünstige Einfuhren aus aufstrebenden Ländern behindert werden. Das Ergebnis sind Gegenströmungen im Liberalisierungsprozeß. Und diese erschweren auch die Verhandlungen über die Osterweiterung der EU.

Insgesamt gehören zur Geschichte des GATT neben beachtlichen Liberalisierungserfolgen erhebliche Rückfälle in den Protektionismus. Diese haben schließlich zur fortschreitenden Aushöhlung der GATT-Ordnung von 1947 geführt. Die protektionistischen Einbruchstellen der ‚alten' GATT-Ordnung sind zugleich die Bezugspunkte, wenn es darum geht, die Lösungsansätze des ‚neuen' GATT, also der WTO von 1994, besonders auch im Hinblick auf die weltwirtschaftliche Integration der Transformationsländer zu beurteilen (siehe Kapitel 6.).

In der Tradition der liberalen zivilrechtlich verfaßten internationalen Ordnung stand *zweitens* bis 1914 der Goldstandard. Diese Währungsordnung, die bis heute als Maßstab und Prüfstein für die internationale Kooperationsbereitschaft und -fähigkeit von Regierungen gilt, ist aus der Beachtung bestimmter Regeln entstanden (*Lutz* 1935, S. 224 ff.). Die selbstbindende und sich selbst durchsetzende Kraft dieser quasi-rechtsstaatlichen Regeln war so stark und selbstverständlich, daß es weder eines internationalen Abkom-

---

[4] So geht das Prinzip der unbedingten Meistbegünstigung auf den *Cobden-Chevalier*-Vertrag von 1860 zwischen England und Frankreich zurück.

mens, einer Delegation von nationalen Kompetenzen an gemeinsame Organisationen, noch einer dominierenden Währungsautorität bedurfte.

Die Funktionsprinzipien und Spielregeln des Goldstandards als Regeln des freien Wettbewerbs konnten auf der *zweiten Ordnungsebene* entstehen und mit hoher Selbstbindungskraft fortbestehen, solange auf der *ersten Ordnungsebene* die hierfür erforderliche Rechtssicherheit und Regeltreue gewährleistet waren (siehe *Gröner* und *Schüller* 1989, S. 445 ff.). Der Erste Weltkrieg und der in seinem Gefolge entstandene Verlust an Vertrauen zwischen den Völkern haben das Bindungsvermögen der Regeln dieser Währungsordnung nachhaltig zerstört. Die Zeit bis nach dem Zweiten Weltkrieg war von einem zunehmenden Verstoß gegen dieses rechtsstaatliche Regelsystem gekennzeichnet. Der Versuch einer Wiederbelebung durch die Golddevisenwährung nach dem Ersten Weltkrieg ist schließlich Ende der zwanziger Jahre am vorherrschenden wirtschafts- und währungspolitischen Nationalismus gescheitert. Nach dem Zweiten Weltkrieg schienen entsprechende Versuche erst recht ausgeschlossen zu sein – nicht zuletzt auch wegen der Unsicherheiten, die die UdSSR mit ihrem universellen politischen und wirtschaftlichen Herrschaftsanspruch verursachte.

Die Entstehung des Internationalen Währungsfonds (IWF) und der Weltbank als supranationale währungspolitische Institutionen der UNO ist nur vor dem Hintergrund der damaligen extremen Unsicherheiten auf der *ersten* und *zweiten* Ordnungsebene zu erklären. Mit dem IWF setzte sich – unter dem maßgeblichen Einfluß der USA als weltweit unbestrittener Währungsautorität – die Idee einer Weltmarktwirtschaft mit dem währungspolitischen Kernstück eines (Finanzierungs-)Fonds zur Stabilisierung fester Wechselkurse durch. Mit dem Anpassungs- und Finanzierungskonzept des Fonds sollte den Regeln des freien Wettbewerbs soweit Geltung verschafft werden, wie es den Mitgliedsländern zumutbar erschien, um ihre wirtschafts- und währungspolitische Souveränität zu sichern.

Entstehung und Wandel der 1944 in Bretton Woods entstandenen Ordnung des IWF sind das Ergebnis von politischen und wirtschaftlichen Konstellationen, die eindrucksvoll zeigen, wie die weltwirtschaftliche Vormachtstellung eines großen Landes, nämlich der USA, eine stabile internationale Währungsordnung begründen, bei einer anderen Regelauslegung aber auch zerstören kann.

Vor diesem Hintergrund ist die Frage nach der Bedeutung des IWF für die weltwirtschaftliche Integration der Transformationsländer zu beurteilen (siehe Kapitel 5.).

3. Systemwissen als Integrationsbrücke

Die zentralverwaltungswirtschaftliche Methode der Wissensverarbeitung war von einem staatssozialistischen Herrschaftsanspruch über das gesamte Ressourcenpotential und Wirtschaftsgeschehen geprägt. Das staatliche Außenwirtschafts- und Devisenmonopol war Teil dieses Anspruchs und Ausdruck einer extremen Angst vor spontanen weltwirtschaftlichen Einflüssen. Der nun geforderte radikale Denkwandel muß auf der *ersten Ordnungsebene* vollzogen werden. Hierbei können geistig-kulturelle Dispositionen, die Integrationsbegabung eines Landes und mehr oder weniger zeitaufwendige Lernprozesse miteinander oder gegeneinander wirken. Was kann von außen beigetragen werden?

Die Antwort hängt von der Vorstellung ab, wie liberale privatrechtliche Ordnungen, die für weltoffene Tausch-, Preis- und Zahlungsgemeinschaften grundlegend sind, entstehen. Zwei prinzipielle Denkrichtungen können unterschieden werden:

3.1. Marktwirtschaftliche Institutionen als Ergebnis eines evolutorischen Transformationsprozesses

In einer *evolutionstheoretischen* Betrachtung wird ein großer Teil der marktwirtschaftlichen Institutionen als Errungenschaft einer spontanen Ordnungsbildung aufgefaßt. Demzufolge sind die Hauptzüge aller freiheitlichen Rechtsordnungen nicht das Ergebnis einer bewußten menschlichen Erfindung oder kollektiven Entscheidung, die darauf gerichtet ist, bestimmte Probleme rational und nutzbringend zu lösen. Vielmehr werden diese Rechtsordnungen als das Resultat einer kulturellen Evolution betrachtet (siehe *von Hayek* 1971, S. 30 ff.; 1973, S. 27 ff.).

Aus dieser Sicht wird der Versuch, den Transformationsprozeß in Übereinstimmung mit einer bestimmten Ordnungslogik des Marktsystems („von oben nach unten'; siehe Übersicht im Anhang *Der institutionelle Aufbau der Marktwirtschaft in internationalen Bezügen*) zu gestalten, skeptisch beurteilt. Dies gilt vor allem dann, wenn der geistig-kulturelle Hintergrund der Transformationsländer – wie in großen Teilen von Rußland, in China, Nordkorea oder Vietnam – von der Tradition des westlichen Rechtsdenkens mehr oder weniger weit entfernt ist.

Grundlage dieses Mißtrauens gegen die ordnungspolitische Gestaltbarkeit des Transformationsprozesses ist die Annahme, daß die äußeren formlosen Institutionen *ursächlich* über die Brauchbarkeit und Wirksamkeit der äußeren formgebundenen Institutionen entscheiden. Mangelt es (noch) an den hierfür erforderlichen geistig-moralischen Dispositionen und Grundüberzeugungen in der Gesellschaft, wird der institutionelle Aufbau des Marktsystems eher von den inneren marktnahen Institutionen und Organisationen (Verträge, Unternehmen, Familien, selbstgeschaffenes Recht der Wirtschaft, Verbände, Kammern) her erwartet. Ins Blickfeld rücken dabei auch die Anforderungen, die von der *zweiten Ordnungsebene* an die handeltreibenden Unternehmen herangetragen werden. Im Prozeß der spontanen Institutionenbildung würden nämlich die individuellen Tauschbeziehungen und die daraus hervorgehenden Güterbewertungen und Zahlungen auf der *ersten* und *zweiten Ordnungsebene* mit hohen tauschfeindlichen (Transaktions-)Kosten belastet sein. Diese könnten nun aber die Menschen, vor allem auch die potentiellen und aktuellen ausländischen Kreditoren (Banken) und Direktinvestoren, im politischen Prozeß veranlassen, den Rechtsstaat nachzufragen. In organisierter Form (etwa mittels Verbänden) könnten so *die* Politiker Auftrieb erhalten, die sich dafür einsetzen, Rechtssicherheit ‚von oben' zu schaffen.

Die Erkenntnis, daß die Umstände für die Evolution des Marktsystems aus Erfahrung grundsätzlich günstig sind, kommt der Erwartung entgegen, daß sich aus den problematischen Ergebnissen einer anarchischen Marktentwicklung ‚von unten' schließlich die Einsicht in die Zweckmäßigkeit der Marktwirtschaft ‚von oben', d. h. der

Rolle des Staates als Instanz für den Rechtschutz und die Rechtsdurchsetzung, Bahn bricht (siehe hierzu *Buchanan* 1975/1980; *Schüller* 1994a, 175 ff.).

3.2. Systemwissen als Entwicklungsfaktor

Nicht alles, was sich spontan entwickelt, muß dem Rechtsschutzstaat auf der *ersten Ordnungsebene* zum Durchbruch verhelfen. Aus dieser *ordnungsökonomischen* Perspektive wird deshalb in der Vermittlung prinzipieller Vorstellungen von den gesellschaftlichen Bedingungen und vom Funktionieren eines freiheitlichen Wirtschaftssystems eine unerläßliche Wissensbrücke für die weltwirtschaftliche Integration gesehen. Denn die in der Bevölkerung vielfach als negativ empfundenen sozialen und moralischen Begleiterscheinungen einer anarchischen Marktwirtschaft ‚von unten'[5] können nicht nur den Um- und Aufbau verzögern, sondern wie Wasser auf den Mühlen der Anhänger des integrationsfeindlichen Staatssozialismus wirken.

Angehörige der bisherigen Nomenklatura, Funktionäre der Industrieverbände und Gewerkschaften werden ihren (macht-)politischen Einfluß mit dem Angebot von punktuellen Eingriffen und Versorgungslösungen zu sichern versuchen, die auf der *ersten Ordnungsebene* weniger statt mehr Rechtssicherheit zur Folge haben und die Kosten auf der *zweiten Ordnungsebene* erhöhen. Nicht selten müssen dabei religiöse Ideologien und kultursoziologisch erklärte Wertkonflikte und Handlungsmuster herhalten, um die politischen Machtstrukturen als Hindernis für das Aufkommen einer Privatrechtsgesellschaft zu kaschieren.

Was können Kräfte, die dem im politischen Prozeß entgegenwirken wollen, erreichen, wenn sie nicht auf Einsichten zurückgreifen können, die systematischem Wissen entspringen?

Wie sehr Systemwissen selbst ein unverzichtbarer Evolutionsfaktor ist, zeigt der folgende Zusammenhang: Die institutionellen Bedingungen, die für die Entstehung einer leistungsfähigen Tausch-, Preis- und Zahlungsgemeinschaft auf der *ersten Ordnungsebene* geschaffen werden müssen, erfordern eine längere Zeit der Etablierung, Einübung und Ausreifung. Um diesen Vorgang zu beschleunigen, liegt es nahe, sich die Vorteile einer verstärkten grenzüberschreitenden Vernetzung der Preise – unter Zuhilfenahme der rechtssichernden und handelsfördernden Möglichkeiten der *zweiten Ordnungsebene* – zunutze zu machen. Eine weitgehende außenwirtschaftliche Öffnung kann dazu beitragen, die anfangs noch fehlenden oder unzureichenden binnenwirtschaftlichen Voraussetzungen für die Entstehung eines leistungsfähigen Preisnetzes zu importieren. Hierbei kann die Pufferfunktion beweglicher Wechselkurse genutzt werden, die wie ein „stufenloses Getriebe" wirkt, die Preise in inländischer Währung von den Preisen in ausländischer Währung abkoppelt (*Willgerodt* 1964, S. 41) und dabei automatisch den Ausgleich der Zahlungsbilanz und einen Schutz vor übermäßiger Auslandskonkurrenz ermöglicht. Über die von außen nach innen fortschreitende Vernetzung des Preissystems können die verschiedenen Aufgaben auf der *ersten Ordnungsebene*, die zusammen mit der Etablierung des Preissystems in Angriff genommen werden müssen (siehe

---

[5] Willkür, Diskriminierung, Ausgrenzung, Übervorteilung, Raub und Gewalt bestimmen vielfach den Charakter anarchischer Tauschbeziehungen.

Kapitel 2.), so gelöst werden, daß die strukturelle Neuanpassung der Binnenwirtschaft im Hinblick auf die weltwirtschaftlichen Anforderungen erleichtert wird.

Im institutionellen Aufbau einer nationalen und internationalen Tausch-, Preis- und Zahlungsgemeinschaft ist ein Leitfaden für die Entstehung eines Regelsystems erkennbar, das – selbstverständlich in flexibler Anpassung an die jeweiligen Umstände – Geltung gewinnen muß, wenn unnötige und unnötig lange Lernprozesse, instabile Systemzustände und spontane Fehlentwicklungen (*von Delhaes* 1993, S. 310 ff.) vermieden oder überwunden werden sollen. Ohne Systemwissen könnte nur das für wünschenswert gehalten werden, was soeben opportun und machbar erscheint.

Selbstverständlich kann der politische Unternehmer nicht durch den Systemtheoretiker und -berater ersetzt werden. Dies geht schon deshalb nicht, weil es an schlüssigen und allgemein gültigen Erkenntnissen für die Durchsetzung des Systemwissens im politischen Raum mangelt. Dafür ist dieser Vorgang zu sehr ein Geschöpf der Politik, von historischen und opportunistischen Bedingtheiten beeinflußt. Wenn es aber richtig ist, daß es geistig-moralische Einsichten sind, die letztlich den ordnenden Willen der Menschen auf der *ersten Ordnungsebene* bestimmen, ist es entscheidend, an welchen Denk- und Handlungsmustern sich die Politiker und ihre Berater orientieren. Es ist im übrigen daran zu erinnern, daß es nicht nur bei der Verwandlung der Feudalgesellschaft in eine Privatrechtsgesellschaft, sondern auch in etablierten westlichen Demokratien immer wieder ein schwieriges Unterfangen ist, „die Gesamtheit der Mitglieder der Privatrechtsgesellschaft nicht bloß zum formalen, sondern zum effektiven Souverän seines Staates zu machen" (*Böhm* 1966, S. 134).[6]

Der Versuch, systematisches Wissen von den drei Ordnungsebenen zu vermitteln, die eine weltwirtschaftliche Integration ermöglichen und effektiv bestimmen, ist ebenso wenig Ausdruck einer intellektuellen Anmaßung, wie die Bereitschaft von Regierungen, sich im Wettbewerb der Systeme für die Übernahme des Bewährten zu entscheiden. Institutionen, die das wirtschaftliche Verhalten der Menschen bestimmen, werden von Menschen geschaffen und lassen sich ändern (siehe Kapitel 2. 1.). Auch das ist ein Ergebnis der kulturellen Evolution. Wer sich ordnungspolitisch nur von dem leiten läßt, was für die sittlich-kulturelle Tradition einer Gesellschaft gehalten wird, vergibt Chancen der Neuorientierung und des wohlstandsmehrenden Neuaufbaus.

Das in Umfragen gesammelte Wissen über die Einstellung der Bevölkerung zu wirtschaftlichen Fragen im allgemeinen und marktwirtschaftlichen Institutionen im besonderen ist stark situationsabhängig und auch immer nur vorläufig. Die stärksten Transformations- und Integrationsblockaden – etwa in Rußland, Rumänien, China, Nordkorea oder Vietnam – dürften nicht in der Bevölkerung zu suchen sein, vielmehr in

---

[6] Mit Recht weist *Sen* (1999, S. 273 ff.) darauf hin, daß Wertkonflikte nicht nur zwischen, sondern ebenso innerhalb der Kulturen, ja selbst innerhalb ein und derselben Person keine Überraschung sind. Auch viele Deutsche haben ein gebrochenes, nachdrücklich distanziertes Verhältnis zur Marktwirtschaft wie zur Zivilrechtsgesellschaft. Das spiegelt sich in den Parteien wider, die verschiedenen Typen der Sozialen Marktwirtschaft den Vorzug geben: Typ I mit der Orientierung am Individualprinzip oder Typ II mit der Orientierung am Kollektivprinzip.

der Interessenlage einflußreicher Gruppen der Nomenklatura sowie derjenigen politischen und wirtschaftlichen ‚Unternehmer', denen der staatliche Dirigismus und Protektionismus[7] oder das Rechtschaos politische Machtfülle und materielle Bereicherungsmöglichkeiten verschafft. Um so wichtiger ist es, wenn oppositionelle Kräfte im politischen Prozeß z. B. systematisch auf die produktive wohlstandsbestimmende Kraft des Rechtsstaats und des Wettbewerbs als Entmachtungsinstrument hinweisen und auf deren Realisierung hinwirken können.

Religiöse, ethnische und kulturelle Eigentümlichkeiten eines Landes können mit unterschiedlichen Vorstellungen und Bezugspunkten der Rechtsstaatlichkeit einhergehen. Davon wird die institutionelle Ausgestaltung der *ersten Ordnungsebene* und deren Leistungs- und Evolutionsfähigkeit abhängen. Ein grundsätzliches Hindernis für die weltwirtschaftliche Integration ist darin nicht zu erkennen. Freilich können in Ländern wie Rußland mit ausgeprägter ethnischer und kultureller Heterogenität regional verschiedene Transformations- und Integrationsgeschwindigkeiten entstehen, was im Wettbewerb der Regionen - soweit hierfür Spielraum bleibt – nicht ohne Rückwirkung auf die anfänglich integrationsfeindlichen Denk- und Handlungsgewohnheiten bleiben dürfte.

Die *ordnungsökonomische* Denkrichtung läßt sich vor allem als Empfehlung an die verantwortlichen Politiker der Transformationsländer deuten, Instanzen (vor allem der Gerichtsbarkeit) zu stärken, die die Ordnungskraft des Zivil- und Strafrechts bestimmen.[8]

Wo es in Transformationsländern bisher keine Rechtstradition gibt, um die Sphäre der Privatrechtsautonomie vor betrügerischem, räuberischem und erpresserischem Mißbrauch oder auch nur vor Korruption und Diskriminierung zu schützen, wird man die Möglichkeit der klugen Nachahmung westlicher Vorbilder (auch unter Inkaufnahme eines hohen Zeitbedarfs der Anpassung) für erfolgversprechender ansehen dürfen, als auf die Evolution einer eigenen Rechtsordnung zu setzen. Diese muß, wie *Popper*

---

[7] Gegenüber China bestehen bekanntlich Zweifel, ob das Land bereit sein wird, dem mit der WTO-Mitgliedschaft formal anerkannten Prinzip der Gleichbehandlung von In- und Ausländern (‚Inländerprinzip') auch tatsächlich Geltung zu verschaffen. Dieser Vorbehalt dürfte weniger in einer mangelnden sittlich-kulturellen Disposition der Bevölkerung als vielmehr darin begründet sein, daß die von der diktatorischen Staatsmacht präferierte binnen- und außenwirtschaftliche Ordnung eine WTO-konforme Umsetzung des Inländerprinzips ausschließt. Wenn gleichwohl von westlicher Seite der WTO-Beitritt Chinas ermöglicht wird (siehe Kapitel 6.), dann zeigt dies, wie groß hier die Kluft zwischen dem Anspruch einer internationalen Regelbindung und der Realität des Beharrens auf nationaler Autonomie geworden ist.

[8] Dort, wo die Staatsverwaltung (vor allem Justiz und Polizei) durch mafiose Kräfte unterwandert ist, wie in Serbien oder Rußland, kommt unbescholtenen und qualifizierten Staatsanwälten, Richtern und Polizisten eine entscheidende ordnungsschaffende Potenz zu. Die Wirksamkeit der Rechts- und Polizeiinstanzen hängt nicht zuletzt von einer Bezahlung der Bediensteten ab, die sie nicht auf dubiose Nebeneinnahmen angewiesen sein läßt. Für einen erfolgreichen Transformationsprozeß ist der Auf- und Ausbau der Zivilrechtspflege geradezu mit den Händen zu greifen, wie sich in Rußland beobachten läßt. Solange Gesetzesübertretungen nicht konsequent verfolgt werden, wird sich in der Bevölkerung nicht das für einen Rechtsstaat notwendige Rechtsempfinden bilden. Eine stattdessen um sich greifende Selbstjustiz macht das Wirtschaftsgeschehen unberechenbar.

(1957/1992, S. X ff.) feststellt, wenn sie der Entwicklung freier Märkte dienen soll, ohnehin in die Tradition des westlichen Rechtsdenkens einmünden.

Dieser Gedanke deckt sich mit der ordnungsökonomischen Position von *Walter Eukken* (1939/1950, S. 51 ff.), der das Vordringen ‚gesetzter' Ordnungen mit dem ordnungstheoretischen Erkenntnisfortschritt erklärt. Zwar wird eingeräumt, daß die für Marktwirtschaften konstitutiven Rechtsordnungen über viele Jahrhunderte mit der Staatsverfassung ‚gewachsen' sind. Doch habe die klassische Nationalökonomie es geschafft, diese Institutionen bewußt zu entwickeln und in einen Gesamtzusammenhang zu bringen. Dieser Einsicht sind dann in der Tat die großen Wirtschaftsreformen an der Wende vom 18. zum 19. Jahrhundert und in der ersten Hälfte des 19. Jahrhunderts zu verdanken. Selbstverständlich bedurfte es hierzu korrespondierend einer günstigen politischen Konstellation. Und die moderne ökonomische Theorie der Verfassung (*Constitutional Economics*) bekräftigt die ordnungsökonomische Erkenntnis, nach der menschliche Handlungsbeschränkungen das Ergebnis von Wahlhandlungen sind, somit in den Händen der Menschen liegen und gestaltbar sind (sieh hierzu *Vanberg* 1990, S. 9 ff.).

3.3. Systemwissen und Direktinvestitionen

Eine erkennbar systematische Gestaltung der *ersten Ordnungsebene* schafft im In- und Ausland Vertrauen und Erwartungssicherheit. Beides wirkt anziehend auf Direktinvestitionen und andere Formen des privatwirtschaftlichen Kapitalimports (siehe für die baltischen Staaten *Wiest* 2000). In dem hierdurch entstehenden catching up-Prozeß liegt die wirksamste Auslandshilfe: Direktinvestitionen haben gegenüber anderen Auslandsengagements[9] den Vorzug, Mittel der Finanzierung von Sachinvestitionen mit dem Import von unternehmerischer Betätigung und Haftung zu kombinieren und zusätzliche ordnungsbildende und prozeßgestaltende Kräfte zu entfalten. Längerfristige Bindungen und ständige Begegnungen der Kooperationspartner schaffen in der Regel aus sich heraus mehr Rechtssicherheit. Mit der Stärkung neuer Wissens- und Erfahrungsquellen für einheimische Unternehmen als Haupttriebkraft der wirtschaftlichen Entwicklung werden die landeseigenen produktiven Kräfte mobilisiert und qualifiziert, wettbewerbs- und integrationsfeindliche Angebotsstrukturen in Frage gestellt oder aufgebrochen. Freilich ist mit ideologisch-kulturellen Vorbehalten der Bevölkerung gegen Direktinvestoren zu rechnen. Die integrierende Wirkung ausländischer Investoren hängt deshalb wesentlich von deren Fähigkeit ab, im Umfeld ihres Handelns ein besonderes Vertrauensverhältnis zu den einheimischen Partnern und zur Bevölkerung zu schaffen.

Freilich wirken Bedingungen, die auf der *ersten Ordnungsebene* inländische Investoren behindern, in der Regel auch abschreckend auf ausländische Investoren. Dazu zählen staatswirtschaftliche Einflüsse der Politik auf die Wirtschaft, die im Widerspruch zu den Ordnungsbedingungen stehen, die die Käufersouveränität ermöglichen. Zum verbleibenden Kreis interessierter Direktinvestoren werden dann zum einen Unternehmer zählen, die mit einem späteren Durchbruch auf *der ersten Ordnungsebene* rechnen, zum anderen solche, die auf das Privileg exklusiv geschützter Marktpositionen setzen. Sol-

---

[9] Mit Portfolioinvestitionen ist erst zu rechnen, wenn Märkte für den Handel mit Eigenkapital aufgebaut sind. Deren Entwicklung hängt von Art und Umfang der Privatisierungspolitik ab.

che Engagements geraten leicht in den Dienst der Kräfte, die die Rechtsunsicherheit verursachen und die Kooperationsbereitschaft der Investoren in eine wettbewerbsfeindliche Richtung lenken. Damit kann der integrationsfeindliche Staatsdirigismus direkt oder indirekt gestärkt werden. Hierin – wie auch in staatlichen Kreditgarantien und -bürgschaften – liegt die Gefahr, daß der Anreiz abnimmt, im Vorfeld von Entscheidungen über Direktinvestitionen auf politische und rechtliche Bedingungen für eine verläßliche weltwirtschaftliche Integration zu drängen.

4. Das Problem der finanziellen Auslandshilfe

4.1. Auslandsverschuldung als Integrationsbrücke

Die Transformationsländer mit überdurchschnittlich hohen Investitions- und Wachstumschancen können als typische aufstrebende Schuldnerländer angesehen werden. Im Zusammenhang mit ihrer nachholenden Entwicklungsbemühung wird für sie ein großer Einfuhrbedarf an Waren und Dienstleistungen angenommen, vor allem für grundlegend neue Investitionen. Das Mißverhältnis zwischen den Einfuhrwünschen und der Ausfuhrkapazität wird deshalb häufig beklagt.

Freilich kann ein Defizit der Leistungsbilanz ohne Auslandsfinanzierung nicht entstehen. Auch muß die passive Leistungsbilanz keineswegs die Achillesferse der Transformationspolitik sein, wie vielfach angenommen wird. Im Gegenteil: Mit Hilfe des Kapitalimports können der Entwicklungsrückstand aufgeholt und die Politik der weltwirtschaftlichen Öffnung erleichtert werden. Investitionen, mit Auslandskrediten finanziert, können direkt oder indirekt das einheimische Unternehmerpotential und die Evolutionsfähigkeit stärken. Aus den von außen kommenden unternehmerischen Anstoß- und Sogwirkungen kann dann schließlich ein hinreichend breiter Strom von exportfähigen Gütern entstehen, der es den Schuldnern ermöglicht, den Kapitaldienst real aus eigener Kraft zu leisten und darüber hinaus das Produktionspotential so nachhaltig zu verbessern, daß eine dauerhafte Devisen- und Wohlstandsquelle entsteht.

Die mit dem Kapitalimport verbundenen Auslandskontakte können allerdings nur dann als Triebkräfte der Transformation und Integration wirken, wenn der finanziellen Integrationsbrücke auf der *ersten Ordnungsebene* Standfestigkeit verliehen wird. Die Vorstellung, Fortschritte in der Außenintegration hingen entscheidend von ausländischen Krediten ab, beruht jedoch ebenso auf einem Fehlschluß wie die Erwartung: Je billiger die Kredite, desto günstiger die weltwirtschaftlichen Integrationsperspektiven. Aus dieser Sicht liegt es dann auch nahe, den Krediten internationaler Finanzinstitutionen, die ein hohes Subventionselement enthalten, einen besonderen Stellenwert im Transformations- und Integrationsprozeß einzuräumen (siehe Kapitel 5.).

Dagegen ist festzuhalten: Ein Defizit der Leistungsbilanz kann nicht für sich aus der Transformations- und Integrationsaufgabe erwachsen. Ein Einfuhrüberschuß kann nur in dem Maße entstehen, wie die Gläubiger darin die wirtschaftliche Grundlage für eigene Vorteile erkennen und sich insoweit unbewußt und ungewollt an der Errichtung der Integrationsbrücke beteiligen. Dann können die Transformationsländer mehr investieren als es das gegenwärtige eigene Sparvermögen erlaubt. Der Nettokapitalimport ermöglicht also die Entstehung eines Passivsaldos in der Leistungsbilanz. Weil die Gestalt der Leistungsbilanz stets von der Struktur der Kapitalbilanz (unter Einschluß der Veränderungen der Währungsreserven) bestimmt ist (siehe *Böhm-Bawerk* 1914/1924; *Meyer* 1966), wird über die Stand- und Tragsicherheit der Integrationsbrücke zugleich auf der Kreditnehmer- und Kreditgeberseite entschieden; es kommt auf den ordnungspolitischen Unterbau beider Brückenköpfe an.

4.2. Die Leistungsbilanzumkehr: Die Integrationsbrücke im Belastungstest

4.2.1. Die Perspektive der Kreditnehmer

Es stellt sich die Frage: Wie kann bei fortdauerndem Zufluß von rückzahlbaren und verzinslichen Auslandskrediten sichergestellt werden, daß der Passivsaldo wieder verschwindet und sich im Wege der *Leistungsbilanzumkehr* in einen Aktivsaldo verwandelt, ohne daß hierdurch die Integrationsbrücke gefährdet oder gar zum Einsturz gebracht wird?[10]

Damit aus Auslandskrediten ein dauerhafter Integrationserfolg wird, sind auf der *ersten Ordnungsebene* bestimmte Voraussetzungen unabdingbar:

Zur sogenannten Leistungsbilanzumkehr kommt es auch bei den größten Erfolgen der Transformationspolitik nicht automatisch. Vielmehr aktiviert sich die Leistungsbilanz nur in dem Maße, wie die Auslandsschulden tatsächlich bedient werden (siehe *Meyer* 1966). Die *Aktivierungstendenz* ist also Folge, nicht Voraussetzung der Erfüllung der schuldnerischen Verpflichtungen, indem nämlich ein Teil des laufenden Devisenanfalls für den Schuldendienst abgezweigt wird. Mit dem Entschluß der Schuldner, den erforderlichen Kapitaldienst aufzubringen und vertragsgemäß an die Gläubiger zu transferieren, gewinnt die *erste Ordnungsebene* an Glaubwürdigkeit; zugleich sinken die Transaktionskosten der *zweiten Ordnungsebene*. Für eine nachhaltige weltwirtschaftliche Integration ist freilich mehr erforderlich, und zwar aus folgendem Grund:

Der kritische Punkt der Auslandsverschuldung ist aus gesamtwirtschaftlicher Perspektive dann erreicht, wenn der gesamte Kapitalexport für den Schuldendienst den Neuzugang an Kapital aufzehrt. Die Auslandshilfe in Form von rückzahlbaren Krediten verdünnt sich je nach der Höhe des Zuschußelements[11] und läuft sich tot. Der Schuldendienst frißt die neuen Kredite gleichsam auf. An diesem Knotenpunkt der Auslandsverschuldung wird über das Vorher und das Nachher der Kredite, also darüber entschieden, wie riskant die Vorleistungen der Gläubiger waren und ob das werdende Schuldnerland zu einem international glaubwürdigen Kreditnehmer heranreift. Kredite, die überwiegend konsumtiv verwendet werden, mögen temporär den Handelsaustausch anregen, doch ist damit nicht viel für einen Aufhol- und nachhaltigen Integrationsprozeß gewon-

---

[10] Das ist der Fall, wenn versucht wird, akute Rückzahlungsprobleme durch Notverkäufe oder harte Importdrosselungen zu lösen, wodurch die Integrationsbrücke systematisch geschädigt werden kann.

[11] Kredite haben ein positives Zuschußelement, wenn sie zu günstigeren Bedingungen gewährt werden, als die Empfängerländer sie auf Grund ihres ‚standing' auf dem freien internationalen Kapitalmarkt akzeptieren müßten.

nen. Dies ist allerdings der Fall, wenn die Auslandskredite das wirtschaftliche Wachstum des Schuldnerlandes und – daraus resultierend – seine Spartätigkeit stärken, und zwar über den Ausfuhrüberschuß hinausgehend, der für die vertragsgemäße Bedienung der Schulden real erforderlich ist.

Diese sogenannte *Transferbefähigung* eines Landes (ein wichtiger Aspekt seiner wirtschaftlichen Kooperationsfähigkeit) ist nicht etwas Gegebenes, sondern vom ordnungspolitischen Unterbau der Integrationsbrücke abhängig. Hierzu gehört ein Preissystem mit bestimmten Eigenschaften: Es muß *erstens* vor der Kreditaufnahme die Erarbeitung brauchbarer Hypothesen der Kreditnehmer über die Entwicklung der relevanten Knappheitsverhältnisse ermöglichen und damit die Entscheidung über Nutzen und Kosten eines Auslandskredits kalkulatorisch erleichtern. Es muß *zweitens* nachher über die Veränderung der relativen Preise oder des Wechselkurses den Marktakteuren Hinweise geben, welche Güter mit Gewinn für den Export freigesetzt werden können und vom Ausland gewünscht werden. Aus der Sicht des Transformationslandes wird dies durch folgende Umstände erleichtert:

– Ein reichhaltiges Sortiment an international wettbewerbsfähigen Waren und Dienstleistungen. In diesem Falle können mehr Güter für den Export ausgewählt und bisherige Importgüter mehr oder weniger durch landeseigene Erzeugnisse ersetzt werden. Die Reichhaltigkeit hängt entscheidend von der Reichweite der Tauschfreiheit und des preisgesteuerten marktwirtschaftlichen Rechnungszusammenhangs (einschließlich realistischer Wechselkurse) ab. Selbst sogenannte reine Binnengüter wie Immobilien und Eigentumsrechte an Unternehmen können exportiert werden, wenn sie für Ausländer verfügbar sind und hinreichend sichere und profitable Handlungsrechte bieten. Die hierfür erforderliche Integrationsbegabung äußert sich in einer weitreichenden monetären und realwirtschaftlichen Kooperationsbereitschaft (Währungs- und Güterkonvertibilität). Die mit der Bereitschaft zur gegenseitigen Abhängigkeit entstehenden zwischenmenschlichen Kontakte haben sich überall stets als starke Antriebskraft für einen freiwilligen Wandel von Auffassungen und Gewohnheiten erwiesen, besonders von solchen, die wirtschaftliche Verbesserungen behindern. Eine wirksamere Form des Wissenstransfers, der Zurückdrängung integrationsfeindlicher Gewohnheiten und Einstellungen ist kaum vorstellbar. Im Widerspruch dazu stehen Überfremdungsängste in der Öffentlichkeit, die mit Hilfe der Medien und Parteien wählerwirksam genutzt werden können, um die marktwirtschaftliche Ordnung im allgemeinen und ausländische Firmen im besonderen für alle Widrigkeiten der Systemtransformation verantwortlich zu machen. Die Kooperationsbereitschaft ist dann eher das Ergebnis von zeitaufwendigen Lernprozessen, aus denen mit entsprechender Verzögerung die Integrationsbegabung entsteht.

– Knappheitsgerechte Zinsen. Staatliche Zinsregulierungen, wie sie in vielen Transformationsländern üblich sind, können bei hohen Inflationsraten zu negativen Realzinsen führen. Diese wirken wie eine Verschuldungsprämie, behindern das inländische Sparen und begünstigen – häufig in Verbindung mit Kapitalverkehrskontrollen, Einlagenvorschriften und anderen Maßnahmen der „finanziellen Repression" – die Kapitalflucht ins Ausland. Trotz großen Kapitalmangels kann es dann, wie im

Falle Rußlands, zu einem Netto-Kapitalexport kommen, bevor es gelungen ist, eine tragfähige Integrationsbrücke zu errichten.
- Verzicht auf direkte und indirekte staatliche Kreditlenkung, vor allem zugunsten staatlicher Unternehmen und Banken, die auch hinsichtlich der Haftung und Konkursfähigkeit privilegiert sind. In diesen Fällen wird die realwirtschaftliche Tilgungsfähigkeit des Kreditnehmers bzw. des Kreditvermittlers nicht oder nur unzureichend in die Kreditvergabeentscheidung einbezogen. Deshalb liegt in dieser Fehlallokation von Krediten eine der Hauptursachen für die Entstehung von Finanzmarkt- und Währungskrisen.
- Bereitschaft des Transformationslandes, staatliche Unternehmen und Banken zu privatisieren, sich aus der Lenkung des Finanzmarktgeschehens zurückzuziehen und ein leistungsfähiges Konkursrecht durchzusetzen. Das sind entscheidende ordnungspolitische Voraussetzungen für die Anziehung von Direktinvestitionen, die neben den geschilderten Integrationsvorteilen auch wegen einer vergleichsweise langen Bindungszeit des Auslandsengagements den Entschuldungsprozeß auf mehr Schultern verteilen und damit erleichtern.

Mit dem Vertrauen in den ordnungspolitischen Unterbau der Integrationsbrücke wächst der Kreis potentieller Gläubiger und Handelspartner. Was in dieser Hinsicht versäumt wird, läßt sich durch eine noch so großzügige finanzielle Hilfe des Auslands nicht ersetzen.

4.2.2. Die Perspektive der Kreditgeber

Aus der ursächlichen Bedeutung der Kapitalbilanz für die Leistungsbilanz folgt, daß die Gläubiger Einfluß auf die Transferbefähigung der Schuldner haben.

- Die Transferbegabung kann falsch eingeschätzt werden, wenn Mängel des institutionellen Unterbaus der Marktwirtschaft auf der Seite der Kreditnehmer nicht erkannt oder ignoriert werden. Die erreichbare Qualität der Verwendung der Kredite wird zu hoch eingeschätzt. Schwierigkeiten, die in den Transformationsländern am Knotenpunkt der Leistungsbilanzumkehr entstehen, können folglich auf Nachlässigkeiten der Kapitalgeber und deren mangelnde Haftung für Fehlentscheidungen zurückgehen.
- Staatliche Kreditsicherungen oder internationale Finanzinstitutionen (siehe Kapitel 5.), die den Kreditgebern die unmittelbare Mitverantwortung für eigene Vorkehrungen zur Bewältigung des Schuldendienstes in den Transformationsländern abnehmen, lockern das Verhältnis von Entscheidung und Haftung. Bei der Prüfung des Verschuldungszwecks, der Laufzeit der Kredite und der Rückzahlungsfähigkeit des Schuldnerlandes können die Gläubiger dann relativ großzügig verfahren. Angesichts der staatlichen Kredithaftung macht es den Exporteuren auch nicht viel aus, wenn die Schuldnerländer, um die Altschulden zurückzahlen zu können, neue Bürgschaften und damit neuen Spielraum für Lieferantenkredite mit dem Argument zu erlangen versuchen, bei den Rückzahlungsschwierigkeiten handele es sich nur um vorübergehende Ursachen: eine ‚technisch' bedingte Zahlungsschwäche oder einen vorübergehenden Zahlungsbedarf, hervorgerufen durch externe (wirtschafts-)politische Einflüsse oder durch grundlegende (Armuts-)Probleme eines Landes. Mit

solchen beliebigen ‚Erklärungen' wächst die Gefahr, daß das System der staatlichen Exportkreditsicherung und der Beistandskredite durch die internationalen Finanzinstitutionen immer großzügiger ausgebaut wird. Die Entstehung von Finanzkrisen wird begünstigt. Damit droht der *ersten Ordnungsebene* der Transformationsländer ein Schwund an internationaler Glaubwürdigkeit. Auch die handelschaffende Potenz der *zweiten Ordnungsebene* wird dadurch geschwächt.

- Die Transferbegabung wird auch durch Diskriminierungen der Transformationsländer im Rahmen der internationalen Handelsordnung, also auf der *dritten Ordnungsebene*, unterminiert (siehe Kapitel 6.).

5. Der Internationale Währungsfonds und seine Ordnungs- und Integrationskraft

5.1. Der IWF als Befreier aus Dilemmasituationen?

Im IWF spiegeln sich wie in allen internationalen Organisationen zunächst einmal die Interessen und konzeptionellen Vorstellungen der Mitgliedstaaten, die maßgeblich zu seiner Entstehung und zu seinem Wandel beigetragen haben. Der historische Entstehungsgrund ist in einer Situation der handels- und währungspolitischen Desintegration zu sehen, die in den 30er Jahren entstanden und durch den Zweiten Weltkrieg vertieft worden ist. In einem Klima des wirtschaftspolitischen Nationalismus herrschten austauschfeindliche Konfliktsituationen vor. Ausdruck hierfür waren wettbewerbsverzerrende Währungsabwertungen, Devisenbewirtschaftung, staatliche Mißachtung ausländischer Gläubiger und Eigentümer. Der private internationale Kredit- und Kapitalmarkt war völlig zum Erliegen gekommen.

Mit der Schaffung des IWF im Jahre 1944 wurden unter dem maßgeblichen Einfluß der USA, der führenden weltwirtschaftlichen Autorität, erstmals in der Geschichte in einem multilateralen Vertrag die Prinzipien eines internationalen Währungssystems vereinbart. Mit Hilfe einer bewußt organisierten Wechselkursstabilität, flankiert von einem Stabilisierungsfonds, sollte die währungspolitische Voraussetzung für weltweite multilaterale Handelsbeziehungen geschaffen werden. Bei gewissen Zugeständnissen an die wirtschafts- und währungspolitische Autonomie der Mitgliedstaaten sollten mit Hilfe von Konsultations- und Kooperationsverfahren gemeinsame Regeln vorherrschen. Das Regelwerk des IWF, das in diesem Spannungsfeld widerstreitender Interessen bezüglich des Zahlungsbilanzausgleichs bei festen Wechselkursen (Bretton Woods-System) entstanden ist, stellt eine Mischung von diskretionären und regelgebundenen Elementen der (nationalen) Anpassung und der internationalen Finanzierung dar. Im Interesse einer möglichst großen Mitgliederzahl war von Beginn an der Spielraum für Neigungen groß, der Sicherung einer angemessenen internationalen Kredit- oder Liquiditätsversorgung im nationalen Interesse Vorrang zu geben; dies vor allem gegenüber sozialistisch verfaßten Ländern[12].

---

[12] So haben sich die USA mit einer heute unvorstellbaren Geduld und Intensität, unter Verleugnung begründeter eigener Interessen, darum bemüht, eine Weltährungsordnung zu schaffen, und zwar teilweise ohne Rücksicht auf den Preis, der hierfür in Form des Verzichts auf

Erst mit dem Beginn der Regierungszeit *Harry S. Trumans* im Jahre 1945 änderte sich die Auffassung hinsichtlich der Verpflichtungen der Mitgliedsländer des IWF insoweit, als nunmehr weniger Rücksicht auf die systemspezifischen Sonderinteressen bestimmter Mitgliedsländer genommen wurde. Vielmehr leitete der Fonds in dieser Zeit eine strengere Auflagenpolitik ein, die zugleich ein wirkungsvolles Programm der monetären Stabilisierung auf der Grundlage einer marktwirtschaftlich orientierten Reformpolitik zur Voraussetzung hatte. Diesem regelgebundenen Anspruch konnten die sozialistischen Länder nicht entsprechen.

Im Verlaufe der 60er Jahre hat auf Drängen der amerikanischen Präsidenten *John F. Kennedy* und *Lyndon B. Johnson* der Einfluß diskretionärer Handlungselemente in dem Maße wieder zugenommen, in dem die Lösung von nationalen Zahlungsbilanzproblemen durch immer neue Kredithilfen des IWF vertagt werden konnte. In dem Maße, wie die USA das Regelwerk des IWF für nationale Zwecke mißbraucht haben, verspielten sie ihre bisherige währungspolitische Autorität. Seitdem sind die Komponenten des Rechtsstaats im Sinne der Spielregeln der Goldwährung, die ohnehin von Beginn an im Fonds aufgeweicht und umstritten waren, völlig zurückgedrängt worden.

Der Mißbrauch des Finanzierungsprivilegs des Leitwährungslandes USA wurde in der Folge weltweit legitimiert, gleichsam demokratisiert. Die Komponenten des Rechtsstaats mit dem Merkmal einer vorrangig auf Anpassung der Mitgliedsländer bedachten regelgebundenen Kreditpolitik des Fonds wurden weitgehend von einem internationalen Sozialstaatsdenken verdrängt. Im gleichen Maße hat sich der IWF zu einer politisierten und interventionistischen Bürokratie entwickelt. Die Stabilisierungsaufgabe wurde in der willfährigen Befriedigung eines rasch zunehmenden dubiosen Finanzierungsbedarfs gesehen. So nahm der Fonds schließlich seit dem Zusammenbruch des Bretton Woods-Systems und der Wechselkursfreigabe im Frühjahr 1973 immer mehr den Charakter einer Entwicklungshilfeorganisation an, die von der Annahme ausgeht, daß den Problemen der wirtschaftlichen Rückständigkeit und der Armut der Bevölkerung mit Zahlungsbilanzhilfen beizukommen ist, die den Regierungen gewährt werden. Er ‚lebt' seitdem im wesentlichen vom Ausbau seiner entwicklungspolitisch und – seit 1990 – transformationspolitisch interpretierten Aufgabe der Kreditgewährung, wobei er seine Finanzierungsmöglichkeiten – anders als die Weltbank – nicht marktmäßig aufbringen muß. Es liegt deshalb die Annahme nahe, daß sein dominierendes Erfolgsziel in der Kreditexpansion liegt. Der Wechselkursanpassung wird nur eine vergleichsweise geringe Effizienz für die Lösung der anstehenden Zahlungsbilanzprobleme zugebilligt.

Im Zusammenhang mit dem Übergang zu einer Art von sozialstaatlicher Einkommenspolitik wurde und wird vom IWF eine binnen- und außenpolitisch möglichst reibungsarme Erledigung unerfreulicher Aufgaben der auftraggebenden Mitgliedsländer erwartet. Hierzu zählt seine Bereitschaft, sich anstelle dieser Länder gegebenenfalls für

---

funktionsnotwendige Regeln zu zahlen gewesen wäre. Die Verhandlungsführung war besonders gegenüber sozialistischen Ländern nachgiebig. So erreichte die UdSSR, ohne später Mitglied zu werden, für sozialistische Länder, daß diese sich ganz überwiegend auf die Kreditfunktion des Fonds stützen konnten, ohne ihm bei der Stabilisierung der Wechselkurse durch marktkonforme Anpassung zur Seite stehen zu müssen.

unangenehme Kreditauflagen kritisieren zu lassen. Für die *dritte Ordnungsebene* könnte diese *Public Choice*-Perspektive des IWF (siehe *Vaubel* 1985) einen Ausweg aus einer Dilemmasituation eröffnen, in der sich Transformationsländer typischerweise häufig befinden: So ist immer wieder zu beobachten, daß sich auf der *ersten Ordnungsebene* häufig nicht die besten Lösungen durchsetzen. Vielfach wirkt nämlich – vor allem von den subventionshungrigen Staatsbetrieben und -banken ausgehend – die herkömmliche Dominanz des Denkens in Verteilungsansprüchen nach.

Die hiervon profitierenden Politiker, Staatsbediensteten und Vertreter von politisch einflußreichen Unternehmens- und Verbandsinteressen werden alles tun, um ihre Sonderstellung im Verteilungskampf rücksichtslos zu behaupten – unter Inkaufnahme kostspieliger Fehlentwicklungen. Um so hilfreicher erscheint es, wenn in Verbindung mit IWF-Kreditvereinbarungen transformations- und integrationsfördernde Selbstbindungen der Schuldnerländer für Wirtschaftsreformen vereinbart, von außen kontrolliert und durchgesetzt werden könnten.

Ob der IWF allerdings die geschilderten Fehlentwicklungen künftig ausschließen kann, ist fraglich, weil die zugrundeliegenden sackgassenartigen Konstellationen meist zurückgehen

- auf die Freistellung wirtschaftlicher Entscheidungsträger von der Haftung,
- auf den Mangel an marktgerechten Preisen und Wechselkursen sowie
- auf fiskalsozialistische und inflationistische Neigungen,
- auf daraus insgesamt entstehende Anreize zur Kapitalflucht und auf Dispositionen für Zahlungsbilanzschwierigkeiten.

Es handelt sich also um Mängel auf der *ersten Ordnungsebene*. Werden darin die entscheidenden Ursachen von Anpassungsschwächen gesehen, so erfordert deren Beseitigung entschiedenen Widerstand gegen die Kräfte, die in der Lage sind, das Recht des Stärkeren zu praktizieren.

Eine Politik der Kreditauflagen, die in diesem Punkt – im Widerspruch zum Rechtsstaatsprinzip – zu kurz greift, wird nicht viel ausrichten können, um die Kooperationsfähigkeit auf allen drei Ordnungsebenen stärken und die Kapitalflucht bannen zu können. Die Praxis bestätigt diese Skepsis. So konnten z. B. in Rußland, dem zur Zeit größten Kreditnehmer des IWF, die rücksichtslose Vermachtung und weitreichende Politisierung des Wirtschaftsgeschehens nicht überwunden werden. Beide Tatbestände geben Anlaß zur Kapitalflucht. Kapitalflucht ist aber ein nicht unwesentlicher Grund für den Ruf nach finanzieller Auslandshilfe und nach Vereinbarungen über eine Neuordnung der Schulden (mit einem Schuldenerlaß, einer Stundung und Verlängerung der Rückzahlungsfristen).

Kann die ordnungspolitische Beratungs- und Erziehungsaufgabe des IWF effektiver gestaltet werden? Kredite könnten z. B. nur in dem Maße freigegeben werden, wie der institutionelle Umbau auf der *ersten Ordnungsebene* fortschreitet. Allerdings stößt die Frage nach geeigneten Beurteilungsmaßstäben hierfür ebenso wie die nach Sanktionsmöglichkeiten schnell an Grenzen. Die Auflagen des Fonds sind nämlich den „institutionellen Besonderheiten und Umständen der Mitgliedsländer" anzupassen. Dies kann als Verbot der Einmischung in die „inneren Angelegenheiten" der Schuldnerländer und der Bindung der Kreditgewährung an eine fortschreitende marktwirtschaftliche Transformationspolitik interpretiert werden. Der IWF als ordnungs- und integrationspolitische Potenz wird also nur in dem Maße erfolgreich sein, wie die entscheidenden ordnungspolitischen Weichen hierfür schon im jeweiligen Land gestellt worden sind, wie das Beispiel Bulgarien seit 1997 zeigt (siehe *Neue Zürcher Zeitung*, Nr. 246 vom 21./22. 10. 2000, S. 10). Solche Länder können dann aber von einem verbesserten ‚standing' auf dem freien internationalen Kapitalmarkt profitieren.

Die negativen Ergebnisse verschleppter oder halbherziger Reformen werden jedoch dem Fonds angelastet und dienen als Begründung für die Forderung weitergehender Kredite, und diesem Ansinnen ist der IWF aus folgenden Gründen prinzipiell zugetan.

5.2. Zweifel am Hilfsvermögen des IWF

Der IWF hat schon rasch nach dem Umbruch den RGW-Ländern, vor allem Rußland, beachtliche Kredithilfen – auf der Grundlage höchst zweifelhafter Methoden für die Berechnung von Finanzierungslücken – in Aussicht gestellt. Der Fonds hat damit zu erkennen gegeben, daß er bereit ist, mit Krediten zu helfen, bevor auf der *ersten Ordnungsebene* die erforderlichen Schritte zur Entpolitisierung und Entmachtung der Wirtschaftsprozesse unternommen worden sind. Mit dem Argument, der Fonds könne Rückständigkeit und Armut der Kreditnehmer nicht ignorieren, begibt er sich prinzipiell jeglicher ordnungspolitischer Einflußmöglichkeit. Ohne marktwirtschaftliche Maßstäbe ist aber eine ökonomisch begründete Kreditverwendung ausgeschlossen.

Die Handlungskonzepte des IWF sind nicht selten verwirrend. So wird Rußland einerseits bescheinigt, alle Reformkriterien erfüllt und sogar übererfüllt zu haben. Andererseits wird von Repräsentanten des IWF festgestellt, Rußland habe den Fonds belogen und wissentlich hinters Licht geführt. Zugleich wird eingeräumt, man habe die Komplexität des marktwirtschaftlichen Reformprozesses unterschätzt und zu wenig auf den Aufbau wirkungsvoller Institutionen und Regierungsstrukturen geachtet (siehe *Neue Zürcher Zeitung*, Nr. 201 vom 31. 8. 1999, S. 10).

Eine vergleichsweise leichte Zugänglichkeit zu Auslandskrediten macht die Regierungen der Transformationsländer vom Wohlwollen der Sparer des eigenen Landes unabhängig. Der Nachteil liegt auf der Hand: Je weniger die Regierungen auf die nationalen Finanzierungsquellen angewiesen sind, desto mehr können sie es sich leisten, die eigenen Sparer zu enttäuschen und die Einrichtungen (etwa Auslandsbanken) zu diskriminieren, die den Zugang zum internationalen Kapitalmarkt erleichtern können.

Der IWF kann (so wie es die *ökonomische Theorie der Bürokratie* unterstellt) mit der Übernahme der Sündenbockfunktion seine Kompetenzen und Kreditfazilitäten ausweiten. Hierbei kann er den diskretionären Handlungsspielraum, der seit Anfang der 60er Jahre, vor allem aber nach 1973 extreme Ausmaße angenommen hat, durchaus für eigene Expansionsbestrebungen nutzen.

Schließlich haben die Mitgliedsländer noch unter dem maßgeblichen Einfluß der USA nach jeder Finanzkrise die finanziellen Mittel des Fonds aufgestockt, um ihn für weitere Notfälle zu wappnen. Zugleich werden Beschränkungen des Kapitalverkehrs in

Betracht gezogen, wobei die damit verbundene Verteuerung des Zugangs zum internationalen Kapitalmarkt und Begünstigung der Kapitalflucht in Kauf genommen werden. Neue Notfallsituationen werden so eher geschaffen als verhindert. Auch können die Schuldnerländer mit dem Hinweis auf drohende Finanzkrisen notwendige innere Anpassungen hinauszögern. Gleichzeitig können sich die Akteure auf den privaten Kapitalmärkten in Erwartung der gestärkten Position des IWF als ‚lender of last ressort' eine fortschreitende Sorglosigkeit angewöhnen. Die Perspektiven für selbstbindende Regeln auf der *zweiten Ordnungsebene* verschlechtern sich hierdurch.

Im übrigen ist der IWF in den Transformationsländern um so mehr ‚im Geschäft', je weniger diese die vielfach als unbequem empfundene Anpassung durch das interne Preissystem[13] und realistische Wechselkurse wählen müssen. Tatsächlich scheint der Fonds Währungssysteme mit frühzeitig fixierten Wechselkursen zu bevorzugen.

5.3. Die integrationspolitische Problematik frühzeitiger Wechselkursbindungen

Feste Wechselkurse haben gegenüber beweglichen Wechselkursen unbestreitbare Vorzüge, weil die Wechselkursstabilität die Transaktionskosten im Güter- und Dienstleistungsaustausch sowie im Kapitalverkehr senkt. Der feste Wechselkurs kann darüber hinaus eine dämpfende Wirkung auf die innere Preisentwicklung haben, soweit die Zentralbank damit auf eine nachhaltige Stabilisierungspolitik festgelegt werden kann. Die Vorteile einer solchen Selbstbindung – etwa für die inländische Geld- und Fiskalpolitik – bestehen in einer Begünstigung der inneren und äußeren Integration. Dies gilt vor allem für die feste Bindung der inländischen Währung an eine Reservewährung im Sinne eines Currency Board.

Allerdings sind die Vorzüge fester Wechselkurse nur die eine Seite der Medaille.[14] Die zweite Seite besteht in unangenehmen Anforderungen an die währungspolitischen Autoritäten, die häufig ignoriert werden. Hierzu zählt im einzelnen:

– Die innere und äußere Integration wird durch feste Wechselkurse nur begünstigt, wenn es sich dauerhaft um marktgerechte Kurse unter den Bedingungen der uneingeschränkten Währungskonvertibilität handelt, nicht aber um Fixkurssysteme auf Abruf. Die Anforderungen hierfür sind außerordentlich anspruchsvoll.[15] An ihnen

---

[13] Die vergleichsweise verläßliche Finanzierungsbereitschaft des IWF begünstigt ein Verhalten der Mitgliedsländer, das im Widerspruch zur Aufgabe steht, Währungs- und Wettbewerbspolitik zu verknüpfen (siehe *Fehl* in diesem Heft).

[14] Vor allem dirigistisch eingestellte Regierungen legen auf den Anschein stabiler Kurse großen Wert.

[15] *Friedrich A. Lutz* (1935) hat diese Bedingungen wie folgt zusammengefaßt: Verzicht auf autonome Beschäftigungs- und Konjunkturpolitik (das schließt notwendigerweise die Trennung von Geld- und Fiskalpolitik ein) sowie auf Handelsprotektionismus; Sicherung einer hohen Preisflexibilität; internationales Vertrauen in die Stabilität der politischen und wirtschaftlichen Verhältnisse, die Gewährleistung des Privateigentums und einer wachstumsfördernden Besteuerung des Fixkurslandes. Insgesamt erfordern verläßliche Fixkursregime Länder, in denen Wettbewerbsordnungen bestehen, und eine *gemeinsame* Währungsordnung, „in der gleichsam ein Gesetz der Erhaltung der Kaufkraft wirksam ist" *(Fritz W. Meyer)*. Zur

scheitern immer wieder selbst hochentwickelte Marktwirtschaften mit einem ausgereiften Finanzmarktsystem, wie zuletzt das Europäische Währungssystem (EWS) gezeigt hat (siehe *Smeets* 1993, S. 97 ff.). Um so größer ist die Gefahr, daß Transformationsländer damit überfordert sind.

- Wechselkurse sind nicht durch ihre bloße Fixierung schon vertrauensbildend. Dies muß vielmehr die Wirtschaftspolitik leisten. Die Akteure auf den Devisenmärkten haben für die Qualität wirtschaftspolitischen Handelns ein vergleichsweise gutes Gespür. Abwertungen stellen der Regierung bzw. der Notenbank ein schlechtes Zeugnis aus. Allein diese Erwartung kann eine vorsorgliche Politik der Geldwertsicherung und Kursentlastung nahelegen, also heilsam sein, um der inländischen Währung Vertrauen zu verschaffen. Das stärkt die ökonomische Souveränität des Bürgers; und das ist für den ordnungspolitischen Unterbau der weltwirtschaftlichen Integrationsbrücke der entscheidende Eckstein.

- Bei einer frühzeitigen Bindung des Wechselkurses kann aus dem Paritätsversprechen ein Politikum werden. Um Wort zu halten, ist die Versuchung groß, den Wechselkurs mit dem Einsatz von Devisenreserven zu stützen, die – soweit sie nicht vom IWF kommen – eigentlich für die Schuldentilgung benötigt werden. Der Anreiz für Spekulationen, die nachdrücklich auf aussichtsreiche Abwertungsgewinne setzen, wird gestärkt, mag deren destabilisierende Wirkung in der Öffentlichkeit moralisch noch so sehr verurteilt werden. Wenn das nicht ausreicht und neue Kredite nicht verfügbar sind, besteht die Gefahr, daß der abwertungsreife Kurs mit Hilfe von konvertibilitätsbeschränkenden staatlichen Eingriffen verteidigt wird. In solchen Interventionen finden Interessengruppen und Bürokratien einen vorzüglichen Nährboden, um protektionistische Maßnahmen beizubehalten oder zu ergreifen. Desintegrierende Wirkungen und ein Verlust an internationalem Vertrauen sind die Folgen. Der von einer frühzeitigen Wechselkursbindung erhoffte Vertrauensgewinn erweist sich als Illusion.

- Auch aus einem anderen Blickwinkel kann sich die frühzeitige Wechselkursbindung als fatal erweisen: Bei Inflationsraten, die über denjenigen der Referenz- oder Ankerwährungen liegen, kommt es in den Transformationsländern zu einer realen Aufwertung. Importe werden hierdurch üblicherweise begünstigt, Exporte diskriminiert; die Verschuldung in fremder Währung wird angeregt. Insgesamt verschlechtert sich also die Wettbewerbsposition der inländischen Unternehmen im Ausland. Bestehen darüber hinaus tiefgreifende Unsicherheiten hinsichtlich der Durchsetzbarkeit notwendiger Reformen im Innern, drohen Abwertungen. Dies kann im Widerspruch zum bisherigen Beratungskonzept des IWF stehen. Je mehr aber dessen transformationspolitische Katalysatorfunktion als Finanzierungsaufgabe aufgefaßt wird, desto stärker wird das provoziert, was *Eugen von Böhm-Bawerk* (1914/1924, S. 512) in seinem berühmten Aufsatz „Unsere passive Handelsbilanz" über die tieferliegenden internen Ursachen der damaligen wirtschaftlichen Rückständigkeit der Donau-Monarchie gesagt hat: „... aus einer einzelnen kostspieligen Konzession wird

---

Frage „Feste oder bewegliche Wechselkurse im Transformationsprozeß" siehe *Weber* (1995, S. 235 ff.) und *Wentzel* (1995, S. 153 ff.).

sofort ein ganzes Bündel kostspieliger Konzessionen. Wenn es gut geht, mit dem Erfolg einer politischen Eintagszufriedenheit. Am nächsten Tage geht aber das Wünschen und Fordern wieder weiter, als ob das gestern Gewährte im Schwemmsand versunken wäre. Das Erlangen reizt nur ein weiteres Wünschen. Es gibt keinen Dank und keine Saturierung."

Bei wirtschaftspolitischen Inkonsistenzen und Zielkonflikten, die im Transformationsprozeß bei weitgehender handels- und währungspolitischer Öffnung und noch unzureichender Ausformung der äußeren und inneren Institutionen des Marktsystems immer wieder auftreten, vermögen flexible Wechselkurse von den extrem hohen Anforderungen, die der feste Wechselkurs hinsichtlich der institutionellen Ausformung der *ersten Ordnungsebene* stellt, zu entlasten. Flexible Wechselkurse erleichtern die außenwirtschaftliche Flankierung des Transformationsprozesses und die Absicherung der geldpolitischen Neuordnung. Sie unterstützen die notwendige Privatisierung, dienen als marktkonformer Wettbewerbsschutz und sind Voraussetzung für eine effektive Notenbankautonomie. Flexible Wechselkurse mögen politisch unbequem sein, ökonomisch stellen sie jedoch in der aktuellen Situation von Transformationsländern die günstigste Lösung auf dem Weg zur Marktwirtschaft dar (*Gröner* und *Smeets* 1991, S. 381). Sie tragen in jedem Fall dem Umstand Rechnung, daß es für die weltwirtschaftliche Integration der Transformationsländer auf realistische, d. h. von den Marktkräften bestätigte Wechselkurse ankommt. Realistische Wechselkurse erfordern aber die Freizügigkeit des internationalen Handels- und Zahlungsverkehrs, also die monetäre und realwirtschaftliche Konvertibilität. Diese hat deshalb einen höheren Wert als der feste Wechselkurs. Die Vorbehalte des IWF gegen flexible Wechselkurse beruhen durchaus auf einem verständlichen Eigeninteresse, wie die Auflagenpolitik des Fonds erkennen läßt. Diese vermittelt den Eindruck, daß im Zweifelsfall dem festen Wechselkurs höhere Priorität gegeben wird als der Freiheit des Zahlungsverkehrs. Dennoch bleibt mit *Willgerodt* (1978, S. 252) festzuhalten: „Wer monetäre Disziplin, Marktwirtschaft mit effektiver Staatstätigkeit, den Rechtsstaat und eine klug dosierte (Transformations-) Strategie wählt, wird den Erfolg sehen, auch wenn ihn internationale Organe dafür diskriminieren." Das Urteil der internationalen Kapitalmärkte wird um so günstiger und hilfreicher für die weltwirtschaftliche Integration sein.

6. Die internationale Handelsordnung als Ordnungs- und Integrationsfaktor

Die Regeln des GATT bzw. der WTO bedürfen, um in einem Transformationsland integrationsfördernd zu wirken, korrespondierender Ordnungsbedingungen auf der *ersten Ordnungsebene*. Staatliche Import- und Exportpläne, die Dominanz staatlicher Unternehmen und Lizenzerteilungen im Außenhandel, diskretionäre Be- und Entlastungen von grenzüberschreitenden Transaktionen durch staatliche Stellen und ebenso beliebige handels- und wechselkurspolitische Diskriminierungen durch Devisenbewirtschaftung schließen dies aus. Sie verhindern, daß mögliche ordnungspolitische Einflüsse der *dritten Ordnungsebene* auf der *ersten Ordnungsebene* wirksam werden. Bei diesen staatlichen Eingriffen handelt es sich um bewußte Verletzungen des Rechtsstaatsprinzips. Diese stehen der Gleichbehandlung von In- und Ausländern, also der Einlösung des Inländerprinzips entgegen.

Die (wirtschafts-)politischen Beitrittsvorteile fallen dann nur auf Seiten der Transformationsländer an: Der Zutritt zu den freien Märkten wird erleichtert, der Schutz gegenüber handelspolitischen Ungleichbehandlungen durch GATT/WTO-Mitglieder wird verbessert, die Gewährung der Meistbegünstigung kann nicht mehr von Fortschritten auf der *ersten Ordnungsebene*, einschließlich der Herstellung und Sicherung menschlicher Grundrechte, abhängig gemacht werden. Deshalb kann eine Mitgliedschaft von China in der WTO – mit seinem undurchschaubaren Staatsinterventionismus – im günstigen Fall als Vertrauen in eine zunehmende künftige Kooperationsbereitschaft des Landes, im ungünstigen Fall als Bereitschaft angesehen werden, die ohnehin weit fortgeschrittene Politisierung der Beitrittsfrage auf die Spitze zu treiben. In jedem Falle setzen sich die Befürworter des Beitritts ungeschützt dem Risiko eines fortschreitenden opportunistischen Verhaltens durch China aus. Darauf könnten sich auch andere Transformationsländer berufen.

Im übrigen macht die Behandlung der Frage des Beitritts Chinas deutlich, wie schwierig es sein dürfte, die Haupteinbruchstellen der ‚alten' GATT-Ordnung für Protektionismus im Rahmen der WTO, also des ‚neuen' GATT, zu schließen (siehe hierzu *Molsberger* 1995; 2001). Diese Einbruchstellen beziehen sich vor allem auf Sachverhalte, die den Spielraum der dynamischen Transformationsländer für ein erfolgreiches Schuldenmanagement und für ein rasches Aufholen aus eigener Kraft verkleinern. Dazu gehören vor allem:

- Sektorale Sonderregelungen mit dem Charakter von nichttarifären Einfuhrbeschränkungen, angefangen vom Agrar-, Textil- und Bekleidungshandel und weitergehend bis zum Automobilhandel.
- Der handelspolitische Nationalismus, praktiziert von einzelnen Ländern und Ländergruppen (USA, Japan, EU), die aus technologischen oder aus industrie-, sozial- und integrationspolitischen Gründen ihre handelspolitische Unabhängigkeit betonen, damit den internationalen Wettbewerb verfälschen und das Prinzip der multilateralen Vereinbarungen (Pflicht zur Konsultation und Streitbeilegung) gefährden.
- Der handelspolitische Regionalismus, der das Meistbegünstigungsprinzip bedroht. Vor allem die EU hat die Diskriminierung zum Nachteil kleinerer Länder zum Prinzip erhoben und regionalistische Bestrebungen in Amerika, Asien und neuerdings auch in Nordafrika provoziert. Die seit jeher westlich orientierten ehemaligen RGW-Länder streben den Beitritt zur EU auch deshalb an, weil sie sich davon statt Anti-Dumping-Verfahren und anderen handelspolitischen Diskriminierungen eine bevorzugte Behandlung und vielfältige Hilfe versprechen, wie es der Praxis des Binnenmarktkonzepts der EU entspricht.

Der Einwand gegen die Osterweiterung der EU, die infrage kommenden Länder müßten erst international hinreichend wettbewerbsfähig werden, verwechselt mögliche Ergebnisse der Integration mit dem, was in Marktprozessen herausgefunden werden muß. Dieser Denkfehler hat in der Angst westlicher Sozialpolitiker und -verbände vor der Konkurrenz aufstrebender Länder einen treuen Verbündeten. Tatsächlich haben es einige Länder Mittel- und Osteuropas nach 1990 verstanden, ihre Handelsbeziehungen dem weltweiten Wettbewerb – trotz anfänglich erheblicher Produktionseinbrüche – erfolgreich anzupassen. Dies war möglich, weil diese Länder die Reformen im Bereich des Außenhandels besonders rasch vorangetrieben und durch eine nachfrageorientierte Neuausrichtung ihrer Produktion beachtliche Wettbewerbsvorteile erzielt haben.

Allerdings hat der Weg zur Europäischen Wirtschafts- und Währungsunion, den die EU mit dem *Maastrichter Vertrag* eingeschlagen hat, berechtigte Zweifel aufkommen lassen, ob die zusätzlichen Regelanforderungen, die an die neuen Mitglieder im Hinblick auf die verheißene ‚Gemeinschaftssolidarität' oder ‚Kohäsion' gestellt werden, zu verkraften sind. Auch die Bewältigung der neuen finanziellen Belastung, die nach den bisherigen Verteilungsmaßstäben in der erweiterten EU entstünde, ist an Voraussetzungen gebunden, die erst noch geschaffen werden müssen. An den hierfür erforderlichen gemeinsamen Grundüberzeugungen und Wertsetzungen dürfte es noch lange fehlen. Die Bindungskraft dieser informellen äußeren Institutionen (etwa nach dem Motto ‚Wir sind ein Volk') ist angesichts der Heterogenität und Vielfalt der Traditionen und Präferenzen der Völker Europas höchst fraglich. Und wenn die Frage berechtigt ist, ob die EU in der heutigen Verfasssung überlebensfähig ist, dann gilt dies erst recht für Zweifel, ob diese EU in der Lage ist, für die Transformationsländer die Rolle einer weltwirtschaftlichen Integrationslokomotive zu übernehmen (siehe *Schüller* und *Weber* 1993, S. 467 ff.). Gelingt es nicht, den Mißbrauch der gemeinsamen Handelspolitik der EU als Ventil zur Entschärfung innerer (sozialpolitischer) Konflikte auszuschließen, wird es schwierig sein, die mittel- und osteuropäischen Länder so in die EU einzubeziehen, daß aus dieser Form der Integration starke Impulse für die Binnenintegration dieser Länder auf der *ersten Ordnungsebene* hervorgehen.

7. Folgerungen

1. Weltwirtschaftliche Integration der Transformationsländer erfordert die Bereitschaft, am wirtschaftlichen Globalisierungsprozeß teilzunehmen. Der Erfolg hängt von der Fähigkeit ab, die grundlegenden Bedingungen hierfür auf der *ersten Ordnungsebene* zu schaffen. Diese Bedingungen ergeben sich aus geistig-kulturellen Dispositionen, der Integrationsbegabung eines Landes und mehr oder weniger zeitaufwendigen Lernprozessen. Die Integrationsbegabung wurzelt in den *formlosen äußeren Institutionen*. Die Überwindung überkommener integrationsfeindlicher Mentalitäten dürfte nicht unabhängig von der Bereitschaft der politisch Handelnden sein, den *formgebundenen äußeren Institutionen* Anerkennung zu verschaffen[16], soweit diese von den klassischen Grundrechten, vor allem der menschlichen Freiheit und Würde geprägt sind.

In der Entstehung dieser privatautonomen Rechtssphäre liegt der entscheidende Ausgangspunkt für ein erfolgreiches Hineinwachsen in die Weltwirtschaft. Dies erfordert einen Wechsel des Bezugspunktes politischen Denkens und Handelns – weg von Kol-

---

[16] Die Bereitschaft hierzu dürfte von der erzieherischen Wirkung abhängen, die von einem starken internationalen institutionellen Wettbewerb, dem Wettbewerb der Systeme, auf die politisch Handelnden ausgeht.

lektiven (Partei, Klassen, Volk und Staat) hin zum Individuum als dem souveränen, von Eigeninteressen bestimmten und vom Wettbewerb kontrollierten Anbieter von und Nachfrager nach Gütern und Dienstleistungen. Die Dispositionen hierfür sind in allen Transformationsländern vorhanden, wie allein schon die Reaktionen der Bürger auf die sozialistische Planwirtschaft und die Kreativität der Menschen bei der Entfaltung eines weiten Spektrums eigeninteressierten und -verantwortlichen Handelns zeigen, etwa im Umgang mit eigenwirtschaftlichen Handlungsmöglichkeiten, bei der Nutzung von schwarzen und grauen Märkten oder Nebenmärkten, schließlich bei der Durchsetzung ‚weicher Pläne' und der Fähigkeit, staatliche Regulierungen zu umgehen. Freilich scheitern diese Dispositionen im Transformationsprozeß vielfach noch an der Vorherrschaft überkommener oder neuer Formen des Rechts des Stärkeren.

Die *formlosen äußeren Institutionen* sind kein unabdingbares Datum. Deshalb liegt es nahe, darauf im Hinblick auf mögliche defektive Ausprägungen wie Korruption, Unterdrückung und andere Formen der Diskriminierung Einfluß zu nehmen. *Walter Eucken* sieht darin eine Bringschuld der Wissenschaft, zumal die *formgebundenen äußeren Institutionen* und die *inneren Institutionen* der Marktwirtschaft in erheblichem Maße zur sittlich-kulturellen Formung einer Gesellschaft im allgemeinen und zur Entwicklung kooperativer Verhaltensweisen im besonderen beitragen können. Wenn das wissenschaftliche Denken sich dieser Aufgabe entzieht, „gibt es keine Potenz, die sie bewältigen kann. Was das bedeutet, wissen wir: Auslieferung an anarchische, politische und wirtschaftliche Machtgruppen, an ihre Funktionäre und Ideologen" (*Eucken* 1952/1990, S. 342).

2. Die Denationalisierung der Wirtschaftsprozesse im Zeichen eines weltoffenen Wettbewerbs setzt in der inneren Wirtschaftspolitik die Bereitschaft zu einer klaren Gesamtentscheidung für eine „Wirtschaftsverfassung des Wettbewerbs" voraus (*Walter Eucken* 1949). Um so wichtiger wird es auch für die Transformationsländer, auf der *zweiten Ordnungsebene* mit substantiellen Engagements zur Bildung verläßlicher Erwartungen und zur Stärkung dieser Art von Integrationsbrücke beizutragen. Dabei gewinnen diese Bemühungen üblicherweise erst in dem Maße an Glaubwürdigkeit, wie es auf der *ersten Ordnungsebene* gelingt, markt- und wettbewerbsfreundlichen Regeln Geltung zu verschaffen. Freilich können die Transformationsländer, die sich dem Wettbewerb der Systeme stellen, davon profitieren, daß sie es verstehen, den auf der *zweiten Ordnungsebene* vorgefundenen Verhaltensformen auch auf der ersten Regelebene Bindungskraft zu verleihen.

3. Auf der *dritten Ordnungsebene* dürften diejenigen Transformationsländer am wenigsten von supranationalen Einrichtungen profitieren, die eine starke strukturpolitisch-interventionistische Stoßrichtung haben und damit im Widerspruch zu einer freien internationalen Wettbewerbsordnung stehen. Das GATT war bei all seinen Verdiensten von Anfang an nicht frei von solchen Tendenzen. Zwischenzeitlich gibt es unter den Staaten und Staatengruppen ein schwer zu bewältigendes Konfliktpotential – bedingt durch das Vordringen des Sektoralismus und Regionalismus, von Ausnahmen vom Meistbegünstigungs- und Reziprozitätsprinzip für Entwicklungsländer, die den größten Teil der Mitgliedsländer ausmachen. Demgegenüber wurde 1994 mit der WTO ein Weg zu einer Art von umfassender internationaler Verfassung der Wettbewerbsfreiheit ein-

geschlagen. Erfolge auf diesem Weg werden es den Transformationsländern leichter machen, sich in die Weltwirtschaft zu integrieren.

Im Interesse einer erleichterten Integration der Transformationsländer in die Weltwirtschaft ist an einen Vorschlag von *Tumlir* (1979, S. 17) zu erinnern. Danach hindert die Regierungen, die ständig die Einhaltung internationaler Liberalisierungsverpflichtungen propagieren, nichts daran, „sich in zunehmendem Maße jenes Rechtsinstruments zu bedienen, das als Vertragsklausel mit Selbstvollzug" bekannt ist. Damit würden Privatpersonen unmittelbar berechtigt sein, gegen ihre Regierung wegen Verletzung eingegangener Regelbindungen (z. B. Liberalisierungsverpflichtungen) zu klagen. Dieser im geistigen Wurzelwerk der *ersten Ordnungsebene* verankerte Schutz grundrechtsähnlicher Marktfreiheiten setzt allerdings die Existenz entsprechender Regelbindungen und nationaler Gerichte voraus, die bereit sind, internationales Recht zu einer Angelegenheit des nationalen Rechts zu machen. Die Aussichten für eine entsprechende Stärkung der internationalen Ordnungsprinzipien, wie sie dem GATT und der WTO vom Anspruch her zugrunde liegen, sind danach zu beurteilen, ob die Regierungen der dominierenden Handelspartner der Welt bereit sind, die Pionierrolle für eine entsprechende konstitutionelle Selbstbindung zu übernehmen.

Die Europäische Union, soweit sie dem Grundsatz einer offenen Marktwirtschaft mit freiem Wettbewerb verpflichtet ist, ist hierfür bisher kein Vorbild, wenngleich sie für eine solche Entwicklung als „das wichtigste Modell" gilt (*Mestmäcker* 1999, S. 152). Freilich ist die wettbewerblich-marktwirtschaftliche Integrationsmethode immer wieder durch starke Präferenzen der Mitgliedstaaten und der EU-Kommission für wettbewerbswidrige Interventionen bedroht. Das dem zugrundeliegende politisch-interventionistische Integrationsverständnis behindert die Osterweiterung der EU und den Prozeß der weltwirtschaftlichen Integration der Transformationsländer (*Schüller* 1994b). Die ökonomische Heterogenität der Transformationsländer, die Verschiedenheit der historischen, kulturellen und entwicklungsspezifischen Ausgangsbedingungen sowie der institutionellen Zustände sprechen gegen die politisch-interventionistische Methode, alle wichtigen Rechtsvorschriften auf dem Niveau hochentwickelter Industrie- und Wohlfahrtsstaaten zu harmonisieren.

Wenn schon für die 15 Länder der Union umstritten ist, ob es sich um einen optimalen Raum für gleiche Rechtsvorschriften auf dem Gebiet der Wirtschafts- und Sozialpolitik handelt, um so mehr dürften Transformationsländer mit Einheitslösungen überfordert sein. Der Gewinn, den diese Art von supranationaler Formalität verspricht, kann wegen der Verschiedenheit der Ausgangsbedingungen, Traditionen und Präferenzen der potentiellen Beitrittsländer so teuer erkauft sein, daß es für die von einem schematischen Ordnungsimport betroffenen Wirtschaftseinheiten vorteilhafter sein dürfte, situationsgerechtere Institutionen der inneren und äußeren Integration zu bevorzugen, als dies in der EU mit ihrer Neigung zum institutionellen Zentralismus und Uniformismus möglich ist.

Supranationalität der EU bedeutet, daß Mehrheitsvoten die Gesetzgebung bestimmen, daß Amtsträger unabhängig von nationalen Weisungen entscheiden können und daß das supranationale Recht nationales Recht dominiert. Eine darauf hinzielende Politikintegration würde für das, was im Transformationsprozeß noch lange Zeit zu leisten ist, zu schwerfällig sein. Die Anfälligkeit für wettbewerbsbeschränkende Kompromißlösungen wäre extrem hoch. Transformationsländer sind auf flexiblere Suchverfahren angewiesen, um den besonderen Anpassungserfordernissen im Prozeß des institutionellen Umbaus, der Beseitigung von Mobilitätshindernissen und der Lösung von Verteilungsproblemen Rechnung tragen zu können. Regelwerke mit speziellen strukturpolitisch-interventionistischen Stoßrichtungen und einem wohlfahrtsstaatlichen Dirigismus, wie sie in der EU nach den Verträgen von Maastricht und Amsterdam intendiert sind, dürften am wenigsten für Transformationsländer eine geeignete Orientierung sein, um sich erfolgreich in die Weltwirtschaft zu integrieren.

Die Transformationsländer konnten vor allem in den 90er Jahren feststellen, wie die Eigenanstrengungen zur monetären Stabilisierung, zur Herstellung einer marktwirtschaftlichen Wettbewerbsordnung und zur außenwirtschaftlichen Öffnung weltweit Früchte getragen haben. In diesem Zusammenhang ist auch in den Transformationsländern das Bewußtsein gestiegen, daß die weltwirtschaftliche Integration ohne eine glaubwürdige Geld- und Währungspolitik nicht gelingen kann. Glaubwürdig kann aber eine Geld- und Währungspolitik nur werden, wenn diese dem Einfluß der Fiskalpolitik entzogen ist und die Banken wissen, daß sie nicht mit der Zentralbank als ‚lender of last resort' rechnen können.

Im Widerspruch zu den auf der *ersten Ordnungsebene* zu realisierenden marktwirtschaftlichen Grundprinzipien für das „Primat der Währungspolitik" (*Walter Eucken*) steht der immer weitergehende Ausbau des IWF zu einer „omnipotenten finanziellen Krisenfeuerwehr" (*Deutsche Bundesbank* 1999, S. 39). Das deckt sich nicht mit Bestrebungen des *Forums für Finanzmarktstabilität*, durch dessen Wirken auf den Finanzmärkten unter der Federführung der Bretton Woods-Institute international verläßliche Regeln zur Geltung kommen sollen (*Deutsche Bundesbank* 2001, S. 15 ff.). Unter anderem soll durch die Gewährleistung eines verbesserten „Transparenzgebots" verhindert werden, daß Kreditgeber mangels hinreichender Informationen über die Verfassung des jeweiligen Finanzsystems sich zu überhöhten Engagements verleiten lassen. Solange diese Finanzinstitute aber genau dem Vorschub leisten, handelt es sich um ein fragwürdiges Vorhaben. Ohnehin kann jedes Mitgliedsland verlangen, vor Informationen mit negativen Auswirkungen auf den Märkten geschützt zu werden.

Im Widerspruch zum Vorhaben des *Forums für Finanzmarktstabilität* stehen auch die verbreiteten staatlichen Absicherungen von Bankkrediten durch die Gläubigerländer, die nach politischen Gesichtspunkten vorgenommen werden. Es gibt deutliche Anzeichen dafür, daß die staatlichen Kreditbürgschaften überwiegend Lieferungen und Leistungen westlicher Firmen an ineffiziente Staatsunternehmen zugute kommen, wodurch diese künstlich am Leben erhalten werden. Der Privatisierungsprozeß wird hierdurch behindert. Das schwächt die Integrationsbegabung der Transformationsländer und ihr Fähigkeitspotential an integrationsfreundlichen Lernprozessen. Ingesamt verschlechtern sich hierdurch die Perspektiven für ihre erfolgreiche weltwirtschaftliche Integration.

Literatur

Böhm, Franz (1966), Privatrechtsgesellschaft und Marktwirtschaft, in: ORDO, Bd. XVII, S. 75-151.

Böhm-Bawerk, Eugen von (1914/1924), Unsere passive Handelsbilanz, 1914, wieder abgedruckt in: *Franz Xaver Weiß* (Hg.), Schriften von Böhm-Bawerk, Wien und Leipzig 1924, S. 499-515.

Buchanan, James M. (1975/1980), The Limits of Liberty: Between Anarchy and Leviathan; deutsche Fassung: Die Grenzen der Freiheit: Zwischen Anarchie und Leviathan, Tübingen 1984.

Buchanan, James M. (1987), Im Wandel begriffene Idee vom Staat. Die sterbende Vision vom wohlmeinenden Despot, in: Neue Zürcher Zeitung, Nr. 301 vom 20.12. 1987, S. 15.

Delhaes, Karl von (1993), Aktive Ordnungspolitik in der Transformation: Konstruktivismus oder Voraussetzung freiheitlicher Entwicklung? In: ORDO, Bd. 44, S. 307-318.

Deutsche Bundesbank (1997), Weltweite Organisationen und Gremien im Bereich von Währung und Wirtschaft, Frankfurt a.M.

Deutsche Bundesbank (1999), Neuere Ansätze zur Beteiligung des Privatsektors an der Lösung internationaler Verschuldungskrisen, in: Monatsbericht Nr. 12, S. 33-50.

Deutsche Bundesbank (2001), Neuere institutionelle Entwicklungen in der wirtschafts- und währungspolitischen Kooperation, in: Monatsbericht Nr. 1, S. 15-24.

Eucken, Walter (1939/1950), Die Grundlagen der Nationalökonomie, 6. Auflage, Berlin, Göttingen und Heidelberg 1950.

Eucken, Walter (1949), Die Wettbewerbsordnung und ihre Verwirklichung, in: ORDO, Bd. 2, S. 1-99.

Eucken, Walter (1952/1990), Grundsätze der Wirtschaftspolitik, 6. Auflage mit einem Vorwort zur Neuausgabe 1990 von Ernst-Joachim Mestmäcker, Tübingen 1990.

Gröner, Helmut und *Heinz D. Smeets* (1991), Transformation der Außenwirtschaft: Zur Öffnung und Weltmarktintegration geschlossener Volkswirtschaften, in: *Karl-Hans Hartwig* und *H. Jörg Thieme* (Hg.), Transformationsprozesse in sozialistischen Wirtschaftssystemen: Ursachen, Konzepte, Instrumente, Berlin et al., S. 356-405.

Gröner, Helmut und *Alfred Schüller* (1989), Grundlagen der internationalen Ordnung: GATT, IWF und EG im Wandel – Euckens Idee der Wirtschaftsverfassung als Prüfstein, in: ORDO, Bd. 40, S. 429-463.

Hayek, Friedrich A. von (1971), Die Verfassung der Freiheit, Tübingen.

Hayek, Friedrich A. von (1973), Law, Legislation and Liberty, Vol. I: Rules and Order, London.

Lutz, Friedrich A. (1935), Goldwährung und Wirtschaftsordnung, in: Weltwirtschaftliches Archiv, Bd. 41/I, S. 224-251.

Mestmäcker, Ernst-Joachim (1999), Soziale Marktwirtschaft und Europäisierung des Rechts, in: *Knut Wolfgang Nörr* und *Joachim Starbatty* (Hg.), Soll und Haben – 50 Jahre Soziale Marktwirtschaft, Stuttgart, S. 129-152.

Meyer, Fritz W. (1966), Handelspolitik-Außenwirtschaftslehre, in: Handbuch der Wirtschaftswissenschaften, Band II: Volkswirtschaft, 2., überarbeitete und erweiterte Auflage, Köln und Oplanden, S. 221-268.

Molsberger, Josef (1995), Die Zukunft des GATT, Tübinger Diskussionsbeiträge, Nr. 52.

Molsberger, Josef (2001), Welthandelsordnung, Globalisierung und wirtschaftspolitische Autonomie, in: *Claus Dieter Classen* u.a. (Hg.), „In einem vereinten Europa dem Frieden der Welt zu dienen ...", liber amicorum *Thomas Oppermann*, Berlin, S. 533-550.

Popper, Karl (1957/1992), Die offene Gesellschaft und ihre Feinde, Band 1: Der Zauber Platons, 7. Auflage mit weitgehenden Verbesserungen und neuen Anhängen, Tübingen 1992.

Schmidtchen, Dieter (1995), Territorialität des Rechts, Internationales Privatrecht und die privatautonome Regelung internationaler Sachverhalte: Grundlagen eines interdisziplinären Forschungsprogramms, in: Rabels Zeitschrift für ausländisches und internationales Privatrecht, Bd. 59, S. 56-112.

Schüller, Alfred (1994a), Auslandshilfe und Systemtransformation, in: *Wernhard Möschel, Manfred E. Streit* und *Ulrich Witt* (Hg.), Marktwirtschaft und Rechtsordnung. Festschrift zum 70. Geburtstag von Erich Hoppmann, Baden-Baden, S. 167-188.

Schüller, Alfred (1994b), Die Europäische Union vor der Frage der Osterweiterung: Entscheidungslinien und Hindernisse, in: *Helmut Leipold* (Hg.), Ordnungsprobleme Europas: Die Europäische Union zwischen Vertiefung und Erweiterung, in: Arbeitsberichte der Marburger Gesellschaft für Ordnungsfragen der Wirtschaft, Nr. 18, Marburg, S. 79-108.

Schüller, Alfred und *Ralf L. Weber* (1993), Von der Transformation zur Integration: Eine ordnungs-, handels- und währungspolitische Aufgabenstellung, in: *Helmut Gröner* und *Alfred Schüller* (Hg.), Die europäische Integration als ordnungspolitische Aufgabe, Stuttgart, Jena und New York, S. 445-491.

Schwarz, Jürgen (1998), Die politische Konstellation und ihre Bedeutung für die Anpassungsprozesse, in: *Simon Lee* (Hg.), Wirtschaft – Kultur – Politik in einer zusammenwachsenden Welt. Deutsch-Koreanisches Kolloquium und Forum, Korea, S. 272-281.

Sen, Amartya (1999), Ökonomie für den Menschen. Wege zu Gerechtigkeit und Solidarität in der Marktwirtschaft, München und Wien.

Smeets, Heinz-Dieter (1993), Monetäre Integration: Vom EWS zur Währungsunion, in: *Helmut Gröner* und *Alfred Schüller* (Hg.), Die europäische Integration als ordnungspolitische Aufgabe, Stuttgart, Jena und New York, S. 97-145.

Smith, Adam (1776/1974), Der Wohlstand der Nationen: Eine Untersuchung seiner Natur und seiner Ursachen, München 1974.

Streit, Manfred E. (1996), Systemwettbewerb im europäischen Integrationsprozeß, in: *Ulrich Immenga, Wernhard Möschel* und *Dieter Reuter* (Hg.), Festschrift für Ernst-Joachim Mestmäcker zum siebzigsten Geburtstag, Baden-Baden, S. 521-535.

Tumlir, Jan (1979), Weltwirtschaftsordnung: Regeln, Kooperation und Souveränität, Tübingen.

Vanberg, Viktor (1990), James Buchanan: Eine Einführung in Person und Werk, in: *James M. Buchanan*, Politische Ökonomie als Verfassungstheorie, Zürich, S. 9-22.

Vaubel, Roland (1985), Von der normativen zu einer positiven Theorie der internationalen Organisationen, in: *Herbert Giersch* (Hg.), Probleme und Perspektiven der weltwirtschaftlichen Entwicklung, Berlin, S. 403-421.

Weber, Ralf L. (1995), Außenwirtschaft und Systemtransformation: Zur Bedeutung der Zahlungsbilanzrestriktion im Übergang von der Zentralverwaltungswirtschaft zur Marktwirtschaft, Stuttgart, Jena und New York.

Wentzel, Dirk (1995), Geldordnung und Systemtransformation: Ein Beitrag zur ökonomischen Theorie der Geldverfassung, Stuttgart, Jena und New York.

Wiest, Bertram (2000), Systemtransformation als evolutorischer Prozeß: Wirkungen des Handels auf den Produktionsaufbau am Beispiel der Baltischen Staaten, Stuttgart.

Willgerodt, Hans (1964), Wirtschaftsraum und Währungsraum, in: Wirtschaftspolitische Chronik, Heft 3, S. 21-51.

Willgerodt, Hans (1978), Die Grundprobleme der Weltwirtschaftsordnung, in: *Helmut Gröner* und *Alfred Schüller* (Hg.), Internationale Wirtschaftsordnung, Stuttgart, S. 241-254.

Der institutionelle Aufbau der Marktwirtschaft in internationalen Bezügen

I.a. Äußere Institutionen: formlos

Moralische Selbstbindungen (Disposition für Eigeninitiative und -verantwortung, Fleiß, Ehrbarkeit, Zuverlässigkeit, Fairneß, "Spirit of Competition").
Gemeinsame Grundüberzeugungen, Leitbilder, Wertsetzungen (Bereitschaft zur Regeltreue, zur Toleranz gegenüber anderen Menschen und zur Weltoffenheit).

I.b. Äußere Institutionen: formgebunden

Marktwirtschaftliche Rahmenordnung als "Wirtschaftsverfassung des Wettbewerbs"

Nationale Ordnungsebene
- Eigentumsordnung
- Währungsordnung
- Soziales Sicherungssystem
- Arbeitsmarktordnung
- Finanzverfassung
- Bildungssystem
- Sonstige öffentliche Güter

Internationale Ordnungsebene
Universelle Ebene
- Internationale Handelsordnung
- Internationale Währungsordnung
- Vielfältige andere Formen der wirtschafts- und währungspolitischen Kooperation

Regionale Ordnungsebene
- z. B. Europäische Wirtschafts- und Währungsordnung

II.a. Innere Institutionen: formgebunden

Verträge, Unternehmen, Verbände usw.

II.b. Innere Institutionen: formlos

Selbstbindende Regeln als selbstgeschaffenes Recht der Wirtschaft auf nationaler und internationaler Ebene

III. Marktwirtschaftliche Wettbewerbsordnung
als nationale und internationale Tausch-, Preis- und Zahlungsgemeinschaft

Ergebnisse des Wirtschaftsprozesses
hinsichtlich der Produktion, der funktionalen und personalen Einkommensverteilung, der Beschäftigung, des Vermögensaufbaus, der Sozialen Sicherung, der Umweltqualität usw.

Studien zur Ordnungsökonomik

Lucius&Lucius Verlags-GmbH, Stuttgart

(bis Nr. 21: „Arbeitsberichte zum Systemvergleich")

Herausgegeben von **Alfred Schüller**

Die *Forschungsstelle zum Vergleich wirtschaftlicher Lenkungssysteme der Philipps-Universität Marburg* hat seit 1982 in ihren „Arbeitsberichten zum Systemvergleich" aktuelle ordnungstheoretische und ordnungspolitische Forschungsergebnisse veröffentlicht. Seit 1994 werden diese Arbeitsberichte von der neu gegründeten *Marburger Gesellschaft für Ordnungsfragen der Wirtschaft e.V. (MGOW)* herausgegeben.

Ab Heft 22 erscheint die Reihe unter dem Titel „Studien zur Ordnungsökonomik" im Verlag Lucius & Lucius, Stuttgart.

Lieferbare Titel:

Studie 27 · *Helmut Leipold,* **Islam, institutioneller Wandel und wirtschaftliche Entwicklung,** 2001, 44 S., 14,00 €, ISBN 3-8282-0206-3.

Studie 26 · *Thomas Döring* und *Dieter Stahl,* **Institutionenökonomische Aspkete der Neuordnung des bundesstaatlichen Finanzausgleichs:** Anmerkungen zum Urteil des Bundesverfassungsgerichts über ein „Maßstäbegesetz" für den Länderfinanzausgleich, 2000, 47 S., 14,00 €, ISBN 3-8282-0157-1.

Studie 25 · *Gerrit Fey,* **Unternehmenskontrolle und Kapitalmarkt:** Die Aktienrechtsreformen von 1965 und 1998 im Vergleich, 2000, 83 S., 14,90 €, ISBN 3-8282-0140-7.

Studie 24 · *Ludger Wößmann,* **Dynamische Raumwirtschaftstheorie und EU-Regionalpolitik:** Zur Ordnungsbedingtheit räumlichen Wirtschaftens, 1999, 105 S., 16,00 €, ISBN 3-8282-0124-5.

Studie 23 · *Ralf L. Weber †,* **Währungs- und Finanzkrisen: Lehren für Mittel- und Osteuropa?** 1999, 42 S., 14,00 €, ISBN 3-8282-0112-1.

Studie 22 · *Alfred Schüller / Christian Watrin,* **Wirtschaftliche Systemforschung und Ordnungspolitik:** 40 Jahre Forschungsstelle zum Vergleich wirtschaftlicher Lenkungssysteme der Philipps-Universität Marburg, 54 S., 9,90 €, ISBN 3-8282-0111-3.

Lucius & Lucius, Stuttgart

Bei Fragen zur Produktsicherheit wenden Sie sich bitte an:
If you have any questions regarding product safety,
please contact:

Walter de Gruyter GmbH
Genthiner Straße 13
10785 Berlin
productsafety@degruyterbrill.com